AF411232

QU'EST-CE QUE L'ART ?

DU MÊME AUTEUR

COMTE LÉON TOLSTOÏ

Qu'est-ce que l'Art ?

Traduit du russe et précédé d'une Introduction

PAR

TEODOR DE WYZEWA

———— ✢ ————

PARIS

LIBRAIRIE ACADÉMIQUE DIDIER

PERRIN ET Cie, LIBRAIRES-ÉDITEURS

35, QUAI DES GRANDS-AUGUSTINS, 35

1898

AVANT-PROPOS

DU TRADUCTEUR

L'étude qu'on va lire a été publiée, en russe, dans les deux dernières livraisons d'une revue de Moscou, les *Questions de Philosophie et de Psychologie*. C'est pour l'écrire que, nous dit-on, le comte Tolstoï a interrompu un roman qu'il avait commencé, et dont sans doute il avait rêvé de faire un modèle de « l'art chrétien », tel que, suivant lui, il doit être désormais. Aura-t-il jugé que, pour nous donner le goût de cet art, une définition théorique valait mieux que tous les modèles? ou bien un art aussi nouveau, aussi différent de nos « contrefaçons » d'à présent, lui aura-t-il paru plus facile à définir qu'à produire ? Il se trompe en tout cas s'il croit, comme on nous l'a dit encore, que sa peine à finir le roman ébauché provient surtout de son grand âge, et de l'affaiblissement de ses facultés créatrices ; car son étude sur l'art nous prouve assez que jamais sa pensée n'a été plus lucide, son imagination plus fraîche, son éloquence à la fois plus hardie et plus vive. De tous les livres qu'il a écrits depuis dix ans, celui-ci est certainement le plus artistique. Une même idée s'y poursuit du début à la fin, avec un ordre, une rigueur, une précision admirables ; et ce sont, à tous les chapitres, des développements imprévus, des comparaisons, des exemples, des souvenirs et des anecdotes, tout un appareil d'artifices ingénieusement combinés pour saisir et pour retenir la curiosité du lecteur. A soixante-dix ans, pour ses débuts dans le genre de la philosophie de l'art, le comte Tolstoï nous offre le meilleur livre que nous ayons dans ce genre ; et, en vérité, ce n'est pas beaucoup dire ; mais tout le monde assurément s'accordera à le dire.

Tout au plus pourra-t-on s'étonner que, après avoir si clairement démontré l'absurdité des innombrables tentatives faites, jusqu'ici, pour analyser l'art et la beauté, il ait eu le courage de refaire, lui-même, une tentative pareille, et de vouloir expliquer, une fois de plus, des choses qui avaient tant de chances d'être inexplicables. Strictement déduite de sa définition de l'art, la doctrine qu'il nous expose est un monument de construction logique : à cela près qu'elle est simple, variée, vivante, et agréable à lire, je ne vois aucune raison pour ne pas l'admirer à l'égal de l'immortel jeu de patience métaphysique de Baruch Spinoza. Mais la définition d'où elle découle, cette conception de l'art comme « le moyen de transmission des sentiments parmi les hommes », n'a-t-il pas craint qu'à son tour elle ne parût ou incomplète, ou excessive, ou trop matérielle, ou trop « mystique », de même que ces définitions antérieures dont personne mieux que lui ne nous a montré le néant ? Le spectacle de l'immense champ de ruines qu'est l'esthétique, passée et présente, ne lui a-t-il pas inspiré un doute touchant la possibilité de rien bâtir de solide sur un terrain aussi mouvant, aussi réfractaire aux efforts de notre logique ? Ne s'est-il pas dit que puisque Baumgarten, Kant, Fichte, Hegel, Schopenhauer, et Schiller, et Gœthe, et Darwin, et Renan, et Wagner avaient échoué à découvrir même l'ombre d'une définition raisonnable de l'art, leur échec provenait peut-être, non de leur inintelligence, mais, au contraire, de ce que l'art et la beauté sont choses où l'intelligence ne peut rien faire que déraisonner ? Ne s'est-il pas dit que l'art, ayant pour seul objet de transmettre des sentiments, pouvait n'être accessible qu'aux seuls sentiments ? et qu'à vouloir discuter les rapports de l'art avec la beauté on risquait d'entrechoquer dans les nuages deux formules vaines, tandis qu'il y avait

sur la terre tant d'œuvres d'art, bonnes et belles,
qui ne demandaient qu'à être goûtées en silence ?
Non, évidemment, il ne s'est rien dit de tout cela,
puisque le voici qui nous apporte un nouveau système d'esthétique : mais comment ne pas s'étonner
de son courage ? et comment ne pas trembler pour
l'avenir de son système ?

Dieu me garde, après cela, de paraître vouloir
faire un reproche au comte Tolstoï ! C'est dans
l'intérêt même de sa thèse que je regrette qu'il l'ait
présentée sous cette forme systématique, dans l'intérêt de tant de réflexions ingénieuses et profondes
qui remplissent son livre, et qui peut-être auraient
eu plus d'effet s'il ne les avait réduites à être les
corollaires d'une définition émise *à priori*. Jamais
plus haute voix n'a protesté avec 'plus de force
contre le honteux abaissement de l'art contemporain. La perte définitive de tout idéal, l'appauvrissement de la matière artistique, la recherche de l'obscurité et de la bizarrerie, l'alliance, tous les jours
plus étroite, du mauvais goût et de l'immoralité, et la substitution croissante, à l'art sincère et
touchant, de mille contrefaçons, hélas ! pas même
habiles : tout cela n'est pas affaire de raisonnement
logique, mais d'observation immédiate et cons-
tante ; et jamais tout cela n'a été observé avec
plus de justesse, ni étalé à nos yeux d'une touche

plus ferme, que dans ce livre où l'auteur de *La Guerre et la Paix* et de la *Mort d'Ivan Iliitch* a résumé l'expérience, non seulement, comme il le dit, des quinze dernières années, mais d'une longue vie toute employée au service de l'art. Pourquoi donc faut-il que, pour nous entendre avec lui sur tout cela, nous soyons forcés d'admettre, du même coup, que l'art consiste « à faire passer les conceptions religieuses du domaine de la raison dans celui du sentiment », qu'il est essentiellement distinct de la beauté, et que toute œuvre d'art doit émouvoir tous les hommes de la même façon ?

Et, à ce propos, il y a encore une objection que je ne puis m'empêcher de soumettre, bien respectueusement, au comte Tolstoï, comme aussi aux lecteurs français de son livre. Il nous dit-lui même que, pour *universel* que doive être l'art véritable, « le meilleur discours, prononcé en chinois, restera incompréhensible à qui ne sait pas le chinois ». Et il reconnaît ailleurs que la valeur artistique d'une œuvre d'art ne consiste ni dans son fond, ni dans sa forme, mais dans une harmonie parfaite de la forme et du fond. Or, cela étant, j'ai la conviction que, si même je savais le chinois, la véritable valeur artistique d'un discours chinois me resterait incompréhensible. J'en comprendrais le fond, ou plutôt je croirais le comprendre ; mais ce fond ne pourrait être vraiment compris que dans son harmonie avec sa forme ; et cette harmonie m'échapperait toujours, parce que, n'étant pas chinois, ne sachant penser et sentir qu'en français, je serais hors d'état de comprendre la *forme* des phrases chinoises. Ceux là seuls peuvent juger de la convenance mutuelle du fond et de la forme, dans une œuvre de littérature, ceux-là seuls peuvent en apprécier la « valeur artistique », qui sont accoutumés non seulement à comprendre la langue où elle a été écrite, mais encore à penser, à sentir dans cette langue. Et je veux bien admettre que l'idéal de l'art soit d'être *universel*, comme nous l'affirme le comte Tolstoï : mais pour la littérature, en particulier, aussi longtemps que le volapük n'aura pas remplacé les langues des diverses nations, l'idéal d'une littérature universelle ne sera jamais qu'une généreuse chimère.

Ayons donc pleine confiance dans le jugement du comte Tolstoï sur les poèmes de Pouchkine, son compatriote ! Croyons-le, encore, quand il nous parle d'écrivains allemands, anglais, et scandinaves : il a les mêmes droits que nous à se tromper sur eux. Mais ne nous trompons pas avec lui sur des œuvres françaises dont le vrai sens, forcément, lui échappe, comme il échappera toujours à quiconque n'a pas, dès l'enfance, l'habitude de pen-

ser et de sentir en français ! Je ne connais rien de
plus ridicule que l'admiration des jeunes esthètes anglais ou allemands pour tel poète français, Verlaine, par exemple, ou Villiers de l'Isle-
Adam. Ces poètes ne peuvent être compris qu'en
France, et ceux qui les admirent à l'étranger les
admirent sans pouvoir les comprendre. Mais il ne
résulte pas de là, comme le croit le comte Tolstoï,
qu'ils soient absolument incompréhensibles. Ils ne
le sont que pour lui, comme pour nous Lermontof et
Pouchkine. Ce sont des artistes : la valeur artistique de leurs œuvres résulte de l'harmonie de la
forme et du fond : et si lettré que soit un lecteur
russe, si parfaite que soit sa connaissance de la
langue française, la forme de cette langue lui échappe toujours.

Aussi ai-je pris la liberté de supprimer, dans la
traduction de ce livre, un passage où sont cités comme étant « absolument incompréhensibles » deux
poèmes en prose français, le *Galant Tireur* de Baudelaire, et le *Phénomène Futur*, de M. Mallarmé.
Voici d'ailleurs ces deux poèmes en prose : on verra
s'ils méritent le reproche que leur fait le comte
Tolstoï.

LE GALANT TIREUR

Comme la voiture traversait le bois, il la fit arrêter dans

le voisinage d'un tir, disant qu'il lui serait agréable de tirer quelques balles, pour *tuer le Temps*.

Tuer ce monstre là, n'est-ce pas l'occupation la plus ordinaire et la plus légitime de chacun? — Et il offrit galamment la main à sa chère, délicieuse, et exécrable femme, à cette mystérieuse femme à qui il doit tant de plaisir, tant de douleur, et peut-être aussi une grande partie de son génie.

Plusieurs balles frappèrent loin du but proposé; l'une d'elles s'enfonça même dans le plafond, et comme la charmante créature riait follement, se moquant de la maladresse de son époux, celui-ci se tourna brusquement vers elle, et lui dit : « Observez cette poupée, là bas, à droite, qui porte le nez en l'air et qui a la mine si hautaine. Eh ! bien, cher ange, *je me figure que c'est vous!* » Et il ferma les yeux et il lâcha la détente. La poupée fut nettement décapitée.

Alors, s'inclinant vers sa chère, sa délicieuse, son exécrable femme, son inévitable et impitoyable Muse, et lui baisant respectueusement la main, il ajouta :

« Ah ! mon cher ange, combien je vous remercie de mon adresse ! »

LE PHÉNOMÈNE FUTUR.

Un ciel pâle, sur le monde qui finit de décrépitude, va peut-être partir avec les nuages : les lambeaux de la pourpre usée des couchants déteignent dans une rivière, dormant à l'horizon submergé de rayons et d'eau. Les arbres s'ennuient et, sous leur feuillage blanchi (de la poussière du temps plutôt que celle des chemins), monte la maison en toile du Montreur de Choses Passées. Maint réverbère attend le crépuscule et ravive les visages d'une malheureuse foule, vaincue par la maladie immortelle et le péché des siècles, d'hommes près de leurs chétives complices, enceintes des fruits misérables avec lesquels périra la terre. Dans le silence inquiet de tous les yeux suppliant là-bas le soleil qui, sous l'eau, s'enfonce avec le désespoir d'un cri, voici le simple boniment : « Nulle enseigne ne vous régale du spectacle intérieur, car il n'est pas maintenant un peintre capable d'en donner une ombre triste. J'apporte, vivante (et préservée à travers les ans par la science souveraine), une Femme d'autrefois. Quelque folie, originelle et naïve, une extase d'or,—je ne sais quoi !—par elle nommée sa chevelure se ploie avec la grâce des étoffes autour d'un visage qu'éclaire la nudité sanglante de ses lèvres. A la place du vêtement vain, elle a un corps ; et les yeux,— semblables aux pierres rares !— ne voilent pas ce regard qui sort de sa chair heureuse : des seins levés comme s'ils étaient pleins d'un lait éternel, la pointe vers le ciel, les jambes lisses qui gardent le sel de la mer première. » Se rappelant leurs pauvres épouses, chauves, morbides et pleines d'horreur, les maris se pressent : elles aussi, par curiosité, mélancoliques, veulent voir.

Quand tous auront contemplé la noble créature, vestige de quelque époque déjà maudite, les uns indifférents, car ils n'auront pas eu la force de comprendre ; mais d'autres, navrés et la paupière humide de larmes résignées, se regarderont ; tandis que les poètes de ces temps, sentant se rallumer leurs yeux éteints, s'achemineront vers leur lampe, le cerveau ivre un instant d'une gloire confuse, hantés du Rythme, et dans l'oubli d'exister à une époque qui survit à la beauté.

Que les sentiments exprimés par ces deux poèmes soient *mauvais*, au sens où l'estime le comte Tolstoï, qu'ils ne soient ni chrétiens, ni universels, nous pouvons l'admettre, encore que les sentiments qu'exprime le *Phénomène Futur* ne soient pas sensiblement éloignés d'être *tolstoïens*, en dépit de l'apparence contraire, et que jamais un poète n'ait flétri en plus nobles images l'action dégradante, abrutissante, anti-artistique de notre soi-disant civilisation. Mais certes ce ne sont point là des œuvres « absolument incompréhensibles ». Et si le comte Tolstoï avait été français, au lieu d'être russe, ce n'est point ces deux œuvres qu'il aurait choisies comme exemples, pour nous prouver la justesse de ses observations sur le désarroi, la bassesse, et la fausseté de l'art contemporain. De meilleurs exemples, hélas! ne lui auraient pas manqué.

Sa critique de l'art de Richard Wagner repose, elle aussi, sur une erreur de fait, également excusable, mais qui vaut également d'être rectifiée. Ce n'est que dans l'imagination des commentateurs wagnériens que Wagner a voulu « subordonner la musique à la poésie », ou même « faire marcher de pair la poésie et la musique ». Les observations que lui adresse, à ce sujet, le comte Tolstoï, lui-même n'a jamais cessé de les adresser à ceux qui, sous prétexte de donner à la musique une portée *dramatique*, l'abaissaient au rôle dégradant d'un trémolo

de mélodrame. Ce qu'il rêvait de substituer à l'o-
péra, ce n'était pas la tragédie accompagnée de
musique, mais un drame *musical*, un drame où tous
les autres arts auraient précisément été « subor-
donnés » à la musique, pour permettre à celle-ci
d'exprimer ce qu'elle seule est capable d'exprimer, les sentiments les plus profonds, les plus
généraux, les plus *humains* de l'âme humaine.
Loin d'estimer que la poésie, dans les opéras, tenait
trop peu de place, il estimait, au contraire, qu'elle
en tenait trop ; ce n'est pas à la poésie, mais à la
musique, qu'il projetait de donner plus de développement ; et le drame musical tel qu'il le concevait
ne procédait pas des œuvres de Gluck, de Méhul
et de Spontini, mais bien de *Don Juan* et des *No-
ces de Figaro*.

Son seul tort est de n'avoir pas su présenter sa
doctrine sous une forme claire et précise, qui eût
coupé court aux malentendus : tort déplorable,
puisqu'il nous a valu toute la musique qu'on nous
a infligée depuis vingt-cinq ans. Mais qu'on lise
l'admirable résumé que vient de nous offrir de cette
doctrine M. Chamberlain ; et l'on sera étonné de
voir combien elle est simple et forte, et combien elle
a d'analogie avec la nouvelle doctrine du comte
Tolstoï. Pour Wagner aussi, il n'y a d'art véritable
que l'art universel ; pour lui aussi notre art d'à pré-

sent est un art dégénéré ; et lui aussi assigne pour unique objet au *bon* art d'éveiller et d'entretenir, dans le cœur des hommes, les plus hauts sentiments de la conscience religieuse. Si le comte Tolstoï, au lieu d'entendre massacrer à Moscou deux actes de *Siegfried*, avait pu entendre jouer *Parsifal* au théâtre de Bayreuth, peut-être se serait-il trouvé forcé de citer Wagner dans sa liste des quelques hommes qui ont tenté un art « chrétien supérieur ».

Et qu'après cela Wagner ait échoué dans sa tentative, que ses œuvres ne soient encore que de géniales « contrefaçons de l'art », libre au comte Tolstoï de le penser, et de nous le dire. Wagner lui-même, j'imagine, n'a pas toujours été éloigné de le croire ; et c'est encore un trait de ressemblance entre ces deux grands hommes, puisqu'on va voir avec quelle admirable et touchante modestie l'auteur de *Qu'est-ce que l'art ?* proclame mauvaises, et indignes du nom d'art, les œuvres immortelles qu'il nous a données.

T. W.

25 avril 1898.

QU'EST-CE QUE L'ART?

INTRODUCTION

Ouvrez un journal quelconque : vous ne manquerez pas d'y trouver une ou deux colonnes consacrées au théâtre et la musique. Vous y trouverez aussi, au moins deux fois sur trois, le compterendu de quelque exposition artistique, la description d'un tableau, d'une statue, et aussi l'analyse de romans, de contes, de poèmes nouveaux.

Avec un empressement et une richesse de détails extraordinaires, ce journal vous dira comment telle ou telle actrice a joué tel ou tel rôle dans telle ou telle pièce; et vous apprendrez du même coup la valeur de cette pièce, drame, comédie ou opéra, ainsi que la valeur de sa représentation. Des concerts, non plus, on ne nous laissera rien ignorer : vous saurez quel morceau ont joué ou chanté tel et tel artiste, de quelle façon ils l'ont joué ou chanté. D'autre part, il n'y a plus aujourd'hui une grande ville où vous ne soyez assurés de trouver au moins une, et souvent deux ou trois expositions de tableaux, dont les mérites et les défauts fournissent aux critiques d'art la matière de minutieuses études. Quant aux romans et poèmes, pas un jour ne se passe sans qu'il en paraisse de nouveaux; et les journaux se considèrent comme tenus d'en offrir à leurs lecteurs une analyse détaillée.

Pour l'entretien de l'art en Russie (où c'est à peine si, pour l'éducation du peuple, on dépense la centième partie de ce qu'on devrait dépenser), le gouvernement accorde des millions de roubles, sous la forme de subventions aux académies, théâtres et conservatoires. En France, l'art coûte à l'État vingt millions de francs; il coûte au moins autant en Allemagne et en Angleterre.

Dans toutes les grandes villes, d'énormes édifices sont construits pour servir de musées, d'académies, de conservatoires, de salles de théâtre et de concert. Des centaines de milliers d'ouvriers, — charpentiers, maçons, peintres, menuisiers, tapissiers, tailleurs, coiffeurs, bijoutiers, imprimeurs, — s'épuisent, leur vie durant, en de durs travaux pour satisfaire le besoin d'art du public, au point qu'il n'y a pas une autre branche de l'activité humaine, sauf la guerre, qui consomme une aussi grande quantité de force nationale.

Encore n'est-ce pas seulement du travail qui se consomme, pour satisfaire ce besoin d'art : d'innombrables vies humaines se trouvent, tous les jours, sacrifiées pour lui. Des centaines de milliers de personnes emploient leur vie, dès l'enfance, à apprendre la manière d'agiter rapidement leurs jambes, ou de frapper rapidement les touches d'un piano ou les cordes d'un violon, ou de reproduire l'aspect et la couleur des objets, ou de renverser l'ordre naturel des phrases et d'accoupler à chaque mot un mot qui rime avec lui. Et toutes ces personnes, souvent honnêtes et bien douées, et capables par nature de toute sorte d'occupations utiles, s'absorbent dans cette occupation spéciale et abrutissante ; ils deviennent ce qu'on appelle des spécialistes, des êtres à l'esprit étroit et pleins de vanité, fermés à toutes les manifestations sérieuses de la vie, n'ayant absolument d'aptitude que pour agiter, très vite, leurs jambes, leurs doigts, ou leur langue.

Et cette dégradation de la vie humaine n'est pas encore, elle-même, la pire conséquence de notre civilisation artistique. Je me rappelle avoir un jour assisté à la répétition d'un opéra, un de ces opéras nouveaux, grossiers et banals, que tous les théâtres d'Europe et d'Amérique s'empressent de monter, sauf à s'empresser ensuite de les laisser tomber à jamais dans l'oubli.

Quand j'arrivai au théâtre, le premier acte était commencé. Pour atteindre la place qu'on m'avait réservée, j'eus à passer par derrière la scène. A travers des couloirs sombres, on m'introduisit d'abord dans un vaste local où étaient disposées diverses machines servant aux changements de décor et à l'éclairage. Je vis là, dans les ténèbres et la poussière, des ouvriers travaillant sans arrêt. Un d'eux, pâle, hagard, vêtu d'une blouse sale, avec des mains sales et usées par la besogne, un malheureux évidemment épuisé de fatigue, hargneux et aigri, je l'entendis qui, en passant près de moi, grondait avec colère un de ses compagnons.

On me fit ensuite monter, par un escalier, dans le petit espace qui entourait la scène. Parmi une masse de cordes, d'anneaux, de planches, de rideaux et de décors, je vis s'agiter, autour de moi, des douzaines ou peut-être des centaines d'hommes peints et déguisés, dans des costumes bizarres, sans compter des femmes, naturellement aussi peu vêtues que possible. Tout cela était des chanteurs, ou des choristes, des danseurs et danseuses de ballet, attendant leur tour. Mon guide me fit alors traverser la scène, et je parvins enfin au fauteuil que je devais occuper, en passant sur un pont de planches jeté au-dessus de l'orchestre, où je vis une grande troupe de musiciens assis auprès de leurs instruments, violonistes, flûtistes, harpistes, cimbaliers, et le reste.

Sur une estrade, au milieu d'eux, entre deux lampes à réflecteur, avec un pupitre devant lui, se tenait assis le chef d'orchestre, un bâton en main, dirigeant non seulement les musiciens, mais aussi les chanteurs sur la scène.

Je vis, sur cette scène, une procession d'Indiens qui venaient d'amener une fiancée. Il y avait là nombre d'hommes et de femmes en costumes exotiques, mais je vis aussi deux hommes en costume ordinaire, qui s'agitaient et couraient d'un bout à l'autre de la scène. L'un était le directeur de la partie dramatique, le régisseur, comme on dit. L'autre, qui était chaussé d'escarpins, et qui courait avec une agilité prodigieuse, était le maître de danse. J'ai su depuis qu'il touchait, par mois, plus d'argent que dix ouvriers n'en gagnent en un an.

Ces trois directeurs étaient en train de régler la mise en scène de la procession. Celle-ci, comme il est d'usage, se faisait par couples. Des hommes, portant sur l'épaule des hallebardes d'étain, se mettaient tout d'un coup en mouvement, faisaient plusieurs fois le tour de la scène, et de nouveau s'arrêtaient. Et ce fut une grosse affaire, de régler cette procession : la première fois, les Indiens avec leurs hallebardes partirent trop tard, la seconde fois trop tôt ; la troisième fois ils partirent au moment voulu, mais perdirent leurs rangs au cours de leur marche ; une autre fois encore ils ne surent pas s'arrêter à l'endroit qui convenait ; et chaque fois la cérémonie entière était reprise, depuis le début. Ce début était formé par un récitatif, où il y avait un homme habillé en turc qui, ouvrant la bouche d'une façon singulière, chantait : « Je

ramène la fi-i-i-i-ancée ! » Il chantait, et agitait
ses bras, qui naturellement étaient nus. Puis la
procession commençait ; mais voici que le cornet
à piston, dans l'orchestre, manquait une note :
sur quoi le chef d'orchestre, frémissant comme
s'il eût assisté à une catastrophe, tapait sur son
pupître avec son bâton. Tout s'arrêtait de nouveau ; et le chef, se tournant vers ses musiciens,
prenait à partie le cornet à piston, lui reprochant
sa fausse note, dans des termes que des cochers de
fiacre ne voudraient pas employer pour se dispu-
ter entre eux. Et de nouveau tout recommençait :
les Indiens avec leurs hallebardes se remettaient
en mouvement, le chanteur ouvrait la bouche
pour chanter : « Je ramène la fi-i-ancée ! » Mais
cette fois les couples marchaient trop près l'un de
l'autre. Nouveaux coups de bâton sur le pupître,
nouvelle reprise de la scène. Les hommes marchaient avec leurs hallebardes, quelques-uns
avaient des visages sérieux et tristes, d'autres sou-
riaient et causaient entre eux. Puis les voici qui
s'arrêtent en cercle, et se mettent à chanter. Mais
voici que de nouveau le bâton frappe le pupître ;
et voici que le régisseur, d'une voix désolée et fu-
rieuse, accable d'injures les malheureux Indiens.

Les pauvres diables avaient, paraît-il, oublié qu'ils devaient de temps à autre lever les bras en signe d'animation. « Est-ce que vous êtes malades, tas d'animaux, est-ce que vous êtes en bois, pour rester ainsi immobiles ? » Et maintes fois encore je vis recommencer la procession, j'entendis des coups de bâton, et le flot d'injures qui invariablement les suivait : « ânes, crétins, idiots, porcs, » plus de quarante fois j'entendis répéter ces mots à l'adresse des chanteurs et des musiciens. Ceux-ci, physiquement et moralement déprimés, acceptaient l'outrage sans jamais protester. Et le chef d'orchestre et le régisseur le savaient bien, que ces malheureux étaient désormais trop abrutis pour pouvoir faire autre chose que de souffler dans une trompette, ou de marcher en souliers jaunes avec des hallebardes d'étain; ils les savaient habitués à une vie commode et large, prêts à tout subir plutôt que de renoncer à leur luxe; de telle sorte qu'ils ne se gênaient point pour donner cours à leur grossièreté native, sans compter qu'ils avaient vu faire la même chose à Paris ou à Vienne, et avaient ainsi la conscience de suivre la tradition des plus grands théâtres.

Je ne crois pas, en vérité, qu'on puisse trouver

au monde un spectacle plus répugnant. J'ai vu un ouvrier en injurier un autre parce qu'il pliait sous le poids d'un fardeau, ou, à la rentrée des foins, le chef du village gronder un paysan pour une maladresse; et j'ai vu les hommes ainsi injuriés se soumettre en silence; mais quelque répugnance que j'aie eue à assister à ces scènes, ma répugnance était atténuée par le sentiment qu'il s'agissait là de travaux importants et nécessaires, où le moindre manquement pouvait amener des suites fâcheuses.

Mais ici, dans ce théâtre, que faisait-on? Pourquoi travaillait-on, et pour qui? Je voyais bien que le chef d'orchestre était à bout de ses nerfs, comme l'ouvrier que j'avais rencontré derrière la scène : mais au profit de qui s'était-il énervé? L'opéra qu'il faisait répéter était, comme je l'ai dit, des plus ordinaires; j'ajouterai cependant qu'il était plus profondément absurde que tout ce qu'on peut rêver. Un roi indien désirait se marier; on lui amenait une fiancée ; il se déguisait en ménestrel; la fiancée s'éprenait du ménestrel, en était désespérée, mais finissait par découvrir que le ménestrel était le roi son fiancé; et chacun manifestait une joie délirante. Jamais il n'y a eu, jamais il n'y aura des Indiens de cette espèce.

Mais il était trop certain aussi que ce qu'ils faisaient et disaient non seulement n'avait rien à voir avec les mœurs indiennes, mais n'avait rien à voir avec aucunes mœurs humaines, sauf celles des opéras. Car enfin jamais, dans la vie, les hommes ne parlent en récitatifs, jamais ils ne se placent à des distances régulières et n'agitent leurs bras en cadence pour exprimer leurs émotions ; jamais ils ne marchent par couples, en chaussons, avec des hallebardes d'étain ; jamais personne, dans la vie, ne se fâche, ne se désole, ne rit ni ne pleure comme on faisait dans cette pièce. Et que personne au monde n'a jamais pu être ému par une pièce comme celle-là, cela encore était hors de doute.

Aussi la question se posait-elle naturellement : au profit de qui tout cela était-il fait ? A qui cela pouvait-il plaire ? S'il y avait eu, par miracle, de jolie musique dans cet opéra, n'aurait-on pas pu se borner à la faire entendre, sans tous ces costumes grotesques, ces processions, et ces mouvements de bras ? Pour qui tout cela se fait-il tous les jours, dans toutes les villes, d'un bout à l'autre du monde civilisé ? L'homme de goût ne peut manquer d'en être écœuré ; l'ouvrier ne peut manquer de n'y rien comprendre. Si

quelqu'un peut y prendre quelque plaisir, ce ne
peut être qu'un jeune valet de pied, ou un ouvrier perverti qui a contracté les besoins des classes supérieures sans pouvoir s'élever jusqu'à leur
goût naturel.

On nous dit, cependant, que tout cela est fait
au profit de l'art, et que l'art est une chose d'une
extrême importance. Mais est-il vrai que l'art soit
assez important pour valoir qu'on lui fasse de tels
sacrifices? Question d'autant plus urgente que cet
art, au profit duquel on sacrifie le travail de millions d'hommes, des milliers de vies, et, surtout,
l'amour des hommes entre eux, ce même art devient sans cesse, pour l'esprit, une idée plus vague
et plus incertaine. Il se trouve en effet que les critiques, chez qui les amateurs d'art s'étaient accoutumés à avoir un soutien pour leurs opinions, se
sont mis dans ces derniers temps à se contredire
si fort les uns les autres, que, si l'on exclut du domaine de l'art tout ce qu'en ont exclu les critiques
des diverses écoles, rien ne reste plus, ou à peu
près, pour constituer ce fameux domaine. Les
diverses sectes d'artistes, comme les diverses sectes
de théologiens, s'excluent et se nient l'une l'au-

tre. Étudiez-les, vous les verrez constamment occupées à désavouer les sectes rivales. En poésie, par exemple, les vieux romantiques désavouent les parnassiens et les décadents ; les parnassiens désavouent les romantiques et les décadents ; les décadents désavouent tous leurs prédécesseurs, et en outre les symbolistes ; les symbolistes désavouent tous leurs prédécesseurs, et en outre les mages ; et les mages désavouent tous leurs prédécesseurs. Parmi les romanciers, il y a les naturalistes, les psychologues, et les naturistes, tous prétendant être les seuls artistes qui méritent ce nom. Et il en est de même dans l'art dramatique, dans la peinture, dans la musique. Et ainsi cet art, qui exige des hommes de si terribles fatigues, qui dégrade des vies humaines, et qui force les hommes à pécher contre la charité, non seulement cet art n'est pas une chose clairement et nettement définie, mais ses fidèles, ses initiés eux-mêmes l'entendent de diverses façons si contradictoires, qu'on a peine dé·sormais à dire ce que l'on entend par le mot d'art, et en particulier quel est l'art utile, bon, précieux, l'art qui mérite que de tels sacrifices lui soient offerts en hommage.

CHAPITRE I

Pour la production du moindre ballet, opéra, opéra-bouffe, tableau, concert ou roman, des milliers de gens sont contraints de se livrer à un travail souvent humiliant et pénible. Encore ne serait-ce que demi-mal si les artistes accomplissaient eux-mêmes la somme de travail que requièrent leurs œuvres; mais ce n'est pas le cas, ils ont besoin de l'aide d'innombrables ouvriers. Et cette aide, ils l'obtiennent d'une façon ou d'une autre, tantôt sous la forme d'argent donné par les riches, tantôt sous celle de subventions de l'État: auquel cas l'argent leur vient du peuple, dont une grande partie est obligée de se priver du nécessaire pour payer l'impôt, sans d'ailleurs être jamais admise à jouir des jouissances de l'art. Et l'on comprendrait cela, à la rigueur, pour un artiste grec ou romain, ou même pour un artiste russe de la première moitié de notre siècle, où il y avait encore des esclaves; car ces artistes pouvaient se croire en droit d'être servis par le peuple. Mais de nos jours, où tous les hommes ont au moins un vague sentiment de l'égalité des droits, il n'est plus possible d'admettre que le peuple continue à travailler malgré lui au profit de l'art, si l'on ne tranche pas d'abord la question de savoir jusqu'à quel point l'art est une chose assez bonne et assez importante pour racheter tout le mal dont elle est l'occasion.

Et ainsi il est nécessaire, pour une société où les arts sont cultivés, de se demander si tout ce qui a la prétention d'être un art en est un vraiment, et si (comme cela est présupposé dans notre société) tout ce qui est art est bon par là même, et digne des sacrifices que l'on fait pour lui. La question, du reste, n'est pas moins intéressante pour les artistes que pour le public : car il s'agit par eux de savoir si ce qu'ils font a vraiment l'importance que l'on croit, si ce n'est pas simplement le préjugé du petit cercle où ils vivent qui les entretient dans la fausse assurance de faire œuvre utile, et si ce qu'ils prennent aux autres hommes, tant pour les besoins de leur art que pour ceux de leur vie personnelle, si tout cela se trouve compensé par la valeur de ce qu'ils produisent. Qu'est-ce donc que cet art, qui est considéré comme une chose si précieuse et si indispensable pour l'humanité?

« Vous demandez ce que c'est que l'art ? La belle question ! L'art, c'est l'architecture, la sculpture, la peinture, la musique, et la poésie sous toutes leurs formes ! » Voilà ce que ne manquent pas de répondre l'homme ordinaire et l'amateur d'art, et l'artiste lui-même, chacun avec la certitude que ce sont là des matières d'une clarté parfaite, et uniformément comprises par tous. Mais cependant, leur demanderons-nous, n'y a-t-il pas en architecture des édifices qui ne sont pas des œuvres d'art, et d'autres qui, avec des prétentions artistiques, sont laids et déplaisants à voir, et qui ne peuvent, par suite, être considérés comme des œuvres d'art? Et n'en va-t-il pas de même en sculpture, en musique et en poésie ? Et alors, où donc réside le signe caractéristique d'une œuvre d'art ? L'art, sous toutes ses formes, est limité d'un côté par l'utilité pratique, de l'autre par la laideur, l'impuissance à produire de l'art. Mais comment le distinguera-t-on de ces deux choses qui le limitent ? A cette question encore, l'homme ordinaire de notre société soi-disant cultivée, et même l'artiste, pourvu qu'il ne se soit pas occupé d'esthétique, ne manqueront pas de tenir une réponse toute prête. Ils estimeront que cette réponse a été trouvée depuis longtemps, et que personne n'a droit de l'ignorer. « L'art, diront-ils, est une activité qui produit de la beauté. »

Mais si c'est en cela que consiste l'art, demanderez-vous, un ballet ou un opéra-bouffe sont-ils des œuvres d'art ? — Et l'homme cultivé et l'artiste vous répondront encore, mais déjà avec un peu d'hésitation : « Oui, un bon ballet, un gentil opéra-bouffe sont de l'art aussi, en tant qu'ils manifestent de la beauté. »

Mais si vous demandez ensuite à vos interlocuteurs ce qui différencie un « bon » ballet et un « gentil » opéra-bouffe d'avec leurs contraires, ils auront beaucoup de peine à vous répondre. Et si vous leur demandez ensuite si l'activité des costumiers et des coiffeurs, qui prennent tant de part dans la production des ballets et des opéras-bouffes, si l'activité des couturiers et tailleurs, si celle des parfumeurs, celle des cuisiniers, si tout cela est de l'art, ils vous répondront, suivant toute probabilité, par la négative. Mais en cela ils se tromperont, précisément parce que ce sont des hommes ordinaires et non pas des spécialistes, et parce qu'ils ne se sont pas occupés de questions esthétiques. S'ils avaient jamais mis le nez dans ces questions, ils auraient lu par exemple dans l'ouvrage du grand Renan, *Marc Aurèle*, une dissertation prouvant que l'œuvre du tailleur est une œuvre d'art, et que ceux qui ne tiennent point pour la plus haute manifestation artistique les ornements de la femme sont des êtres inintelligents et de bas esprits. « C'est le grand art, » dit Renan. Vos interlocuteurs devraient savoir, aussi, que, dans la plupart des systèmes esthétiques modernes, le costume, les parfums, la cuisine même sont considérés comme des arts spéciaux. Tel est en particulier l'avis du savant professeur Kralik, dans sa *Beauté Universelle, essai d'une esthétique générale*, ainsi que l'avis de Guyau, dans ses *Problèmes de l'esthétique contemporaine*.

« Il existe un pentacle des arts, fondé sur les cinq sens de l'homme, » dit Kralik ; et il distingue, en conséquence, les arts du goût, de l'odorat, du toucher, de l'ouïe et de la vue.

Des premiers de ces arts, les arts du goût, il dit : « On s'est trop accoutumé à n'admettre que deux ou trois sens comme dignes de fournir la matière d'un traitement artistique. Mais on ne niera pas pourtant que ce ne soit une production esthétique, quand l'art de la cuisine arrive à faire, du cadavre d'une bête, un objet de plaisir pour l'homme en toute façon ».

La même opinion se trouve dans l'ouvrage, nommé plus haut, du français Guyau, honoré d'une estime particulière par un grand nombre d'écrivains d'à-présent. C'est le plus sérieusement du monde qu'il parle du toucher, du goût, et de l'odorat, comme étant capables de nous fournir des impressions esthétiques : « Si la couleur manque au toucher, il nous fournit en revanche une notion que l'œil seul ne peut nous donner, et qui a une valeur esthétique considérable, celle du *doux*, du *soyeux*, du *poli*. Ce qui caractérise la beauté du velours, c'est sa douceur au toucher non moins que son brillant. Dans l'idée que nous nous faisons de la beauté d'une femme, le velouté de sa peau entre comme élément essentiel. Chacun de nous, probablement, avec un peu d'atten-

tion, se rappellera des jouissances du goût, qui
ont été de véritables jouissances esthétiques. » Et
Guyau raconte, en manière d'exemple, comment
un verre de lait bu par lui dans la montagne lui
a donné une jouissance esthétique.

De tout cela il résulte que la conception de l'art,
comme consistant à manifester la beauté, n'est pas
du tout aussi simple qu'elle pourrait le sembler.
Mais l'homme ordinaire ou bien ne connaît pas
tout cela, ou bien ne veut pas le connaître, et
reste fermement convaincu que toutes les questions
au sujet de l'art peuvent être nettement et clairement résolues par le seul fait de reconnaître la
beauté comme la matière de l'art. Il trouve parfaitement compréhensible et évident que l'art
consiste à manifester la beauté. La beauté lui paraît suffire à trancher toutes les questions qui
concernent l'art.

Mais qu'est-ce donc que cette beauté qui forme
la matière de l'art ? Comment la définit-on ? En
quoi consiste-t-elle ?

Comme c'est toujours le cas, plus sont nuageu-
ses et confuses les idées suggérées par un mot,
plus on a d'aplomb et d'assurance à employer ce

mot, et à soutenir que son sens est trop simple et trop clair pour qu'on prenne la peine de le définir. C'est ce qui se produit à l'ordinaire dans les questions religieuses ; et c'est ce qui a lieu encore pour cette conception de la beauté. On admet comme accordé que tout le monde sait et comprend ce que signifie le mot *beauté*. Et cependant la vérité est que non seulement tout le monde ne le sait pas, mais que, après que des montagnes de livres ont été écrites sur ce sujet par les penseurs les plus savants et les plus profonds depuis cent cinquante ans (depuis que Baumgarten a fondé l'esthétique en 1750), la question de savoir ce qu'est la beauté reste aujourd'hui encore absolument sans réponse, chaque nouvel ouvrage d'esthétique proposant à cette question une réponse nouvelle. Un des derniers ouvrages que j'aie lus sur ce sujet est un petit livre allemand de Julius Mithalter, intitulé *l'Énigme du Beau*. Et ce titre exprime précisément la vraie position du problème. Après que des milliers de savants l'ont discuté pendant cent cinquante ans, le sens du mot *beauté* reste encore une énigme. Les Allemands le définissent à leur manière, de cent façons différentes. L'école physiologique, celle des anglais Spencer, Grant Allen, et autres, y répond à sa manière ; de même les éclectiques français, et Taine, et Guyau et leurs successeurs ; et tous ces écrivains connaissent, et trouvent insuffisantes, toutes les définitions données précédemment par Baumgarten, et Kant, et Schiller, et Fichte, et Winckelmann, et Lessing, et Hegel, et Schopenhauer, et Hartmann, et Cousin, et mille autres

Quelle est donc cette étrange notion de la beauté qui paraît si simple à tous ceux qui en parlent sans y penser, mais que personne n'arrive à définir depuis cent cinquante ans, ce qui n'empêche pas tous les esthéticiens de fonder sur elle toutes leurs doctrines de l'art ?

Dans notre langue russe, le mot *krasota* (beauté) signifie simplement ce qui plaît à la vue. Et, bien qu'on se soit mis, depuis quelque temps, à nous parler d'une « laide action », ou d'une « belle musique », ce n'est point là de bonne langue russe. Un Russe du peuple, ignorant les langues étrangères, ne vous comprendra pas si vous lui dites qu'un homme qui donne tout ce qu'il a fait une « belle » action, ou qu'une chanson est de « belle » musique. Dans notre langue russe, une action peut être charitable et bonne, ou méchante et mauvaise. Une musique peut être agréable et bonne, ou déplaisante et mauvaise. Mais on n'y sait pas ce que c'est qu'une « belle » action ou une « belle » musique. Le mot « beau » peut seulement s'y rapporter à un homme, à un cheval, à une maison, à un lieu, à un mouvement. De telle sorte que le mot et la notion de « bon » impliquent pour nous, dans un certain ordre de sujets, la notion de « beau », mais que la notion de « beau », au contraire, n'implique pas nécessairement la notion de « bon ».

Quand nous disons d'un objet que nous apprécions pour son apparence visible, qu'il est « bon », nous entendons par là que cet objet est « beau »; mais si nous disons de lui qu'il est « beau », cela ne suppose pas nécessairement que nous le croyions « bon ».

Dans les autres langues européennes, c'est-à-dire dans les langues des nations parmi lesquelles s'est répandue la doctrine qui fait de la beauté la chose essentielle en art, les mots « beau », « schœn », « beautiful », « bello », etc., tout en gardant leur sens primitif, en sont venus aussi à exprimer la bonté, au point de devenir les substituts du mot « bon ». C'est désormais chose toute naturelle, dans ces langues, d'employer des expressions telles que « belle âme », « belle pensée », ou « belle action ». Ces langues ont même fini par n'avoir plus de mot propre pour désigner la beauté de la forme; elles sont forcées de recourir à des combinaisons de mots telles que « beau de forme », « beau à voir », etc.

Mais qu'est-ce donc, au juste, que cette « beauté » qui va ainsi changeant de sens suivant les pays et les temps?

Pour répondre à cette question, pour définir ce que les nations européennes entendent aujourd'hui par « beauté », je vais être forcé de citer au moins un petit choix des définitions de la « beauté » les plus généralement admises dans les systèmes esthétiques actuels. Mais je dois avant tout supplier le lecteur de ne pas se laisser désemparer par l'ennui qui ne pourra manquer de résulter de ces citations, et de se résigner, malgré cet ennui, à les lire, ou, mieux encore, à lire quelques-uns des auteurs dont je vais citer des extraits. Pour ne parler que d'ouvrages très simples et très sommaires, qu'on prenne, par exemple, l'ouvrage allemand de Kralik, l'ouvrage anglais de Knight, ou l'ouvrage français de Lévêque. Il est indispensable d'avoir lu un ouvrage d'esthétique pour se faire une idée de la divergence d'opinions et de l'effroyable obscurité qui règnent dans cette région de la science philosophique.

Voici par exemple ce que dit l'esthéticien allemand Schasler, dans la préface de son fameux, volumineux, et minutieux ouvrage sur l'esthétique : « Nulle part, dans tout le domaine de la philosophie, la contradiction n'est aussi grande qu'en esthétique. Et nulle part non plus on ne trouve plus de vaine phraséologie, un emploi plus constant de termes vides de sens, ou mal définis, une érudition plus pédantesque et en même temps plus superficielle. » Et en effet c'est assez de lire l'ouvrage de Schasler lui-même pour se convaincre de la justesse de son observation.

Sur le même sujet le français Véron, dans la préface de son remarquable ouvrage sur l'esthétique, écrit : « Il n'y a pas de science qui ait été plus que l'esthétique livrée aux rêveries des métaphysiciens. Depuis Platon jusqu'aux doctrines officielles de nos jours, on a fait de l'art je ne sais quel amalgame de fantaisies quintessenciées et de mystères transcendantaux qui trouvent leur expression suprême dans la conception absolue du beau idéal, prototype immuable et divin des choses réelles. »

Que le lecteur prenne seulement la peine de parcourir les quelques définitions suivantes de la beauté, empruntées aux seuls esthéticiens de grand renom : et il pourra juger par lui-même combien est légitime cette critique de Véron.

Je ne citerai pas, comme l'on fait d'ordinaire, les définitions de la beauté attribuées aux auteurs anciens, Socrate, Platon, Aristote, et les autres jusqu'à Plotin, car, en réalité, et comme je l'expliquerai plus loin, les anciens se faisaient une conception de l'art toute différente de celle qui forme la base et l'objet de notre esthétique moderne. En rapprochant de notre conception présente de la beauté leurs jugements sur elle, on donne à leurs mots un sens qui n'est pas le leur.

CHAPITRE II

LA BEAUTÉ

Commençons donc par le fondateur de l'esthétique, Baumgarten (1714-1762).

Suivant lui, la connaissance logique a pour objet la *vérité*, et la connaissance esthétique (c'est-à-dire sensible) a pour objet la *beauté*. La beauté est le parfait, ou l'absolu, reconnu par les sens ; la vérité est le parfait perçu par la raison. Et la *bonté*, d'autre part, est le parfait atteint par la volonté morale.

Il définit la beauté une « correspondance », c'est-à-dire un ordre entre des parties, dans leurs relations mutuelles et dans leur rapport avec l'ensemble. Quant au but de la beauté, il est « de plaire et d'exciter un désir ». C'est, notons-le en passant, le contraire exact de la définition de Kant.

Pour ce qui est des manifestations de la beauté,

Baumgarten estime que l'incarnation suprême de la beauté nous apparaît dans la nature, et il en conclut que l'objet suprême de l'art est de copier la nature : encore une conclusion qui se trouve en contradiction directe avec celles des esthéticiens postérieurs.

Nous passerons, si l'on veut bien, sur les successeurs immédiats de Baumgarten, Maier, Eschenburg, et Eberhard, qui n'ont fait que modifier légèrement la doctrine de leur maître en distinguant l'agréable d'avec le beau. Mais il convient de citer les définitions données par d'autres contemporains de Baumgarten, tels que Sulzer, Moïse Mendelssohn, et Moritz, qui, se mettant déjà en contradiction formelle avec lui, assignent pour objet à l'art non pas la beauté, mais la bonté. Pour Sulzer (1720-177), par exemple, cela seul peut être considéré comme beau qui contient une part de bonté; la beauté est ce qui évoque et développe le sentiment moral. Pour Mendelssohn (1729-1786), le seul but de l'art est la perfection morale. Ces esthéticiens détruisent de fond en comble la distinction établie par Baumgarten entre les trois formes du parfait, le vrai, le beau, et le bien; ils rattachent le beau au vrai et au bien.

Mais non seulement cette conception n'est pas maintenue par les esthéticiens de la période suivante ; elle se trouve même radicalement contredite par le fameux Winckelmann (1717-1768), qui sépare tout à fait la mission de l'art de toute fin morale, et donne pour objet à l'art la beauté extérieure, qu'il limite même à la seule beauté visible. Il y a d'après Winckelmann trois sortes de beauté : 1° la beauté de la forme ; 2° la beauté de l'idée, s'exprimant par la position des figures ; 3° la beauté de l'expression, qui résulte de l'accord des deux autres beautés. Cette beauté de l'expression est la fin suprême de l'art ; elle se trouve réalisée dans l'art antique ; et par conséquent l'art moderne doit tendre à imiter l'art antique.

On rencontre une conception analogue de la beauté chez Lessing, Herder, Gœthe, et la plupart des esthéticiens allemands, jusqu'au moment où Kant, à son tour, la détruit, et en suggère une autre absolument différente.

Une foule de théories esthétiques naissent, durant la même période, en Angleterre, en France, en Italie, et en Hollande ; et bien que ces théories n'aient rien de commun avec celles des Allemands, elles les égalent pourtant en obscurité et en confusion.

Suivant Shaftesbury (1690-1713) : « Ce qui est beau est harmonieux et bien proportionné, ce qui est harmonieux et bien proportionné est vrai; et ce qui est à la fois beau et vrai est, en conséquence, agréable et bon. » Dieu est le fonds de toute beauté; de lui procèdent la beauté et la bonté. Ainsi, pour cet Anglais, la beauté est distincte de la bonté, et cependant se confond avec elle.

Suivant Hutcheson (1694-1747), l'objet de l'art est la beauté, dont l'essence consiste à évoquer en nous la perception de l'uniformité dans la variété. Nous avons en nous « un sens interne » qui nous permet de reconnaître ce qui est l'art, mais qui peut cependant être en contradiction avec le sens esthétique. Enfin, suivant Hutcheson, la beauté ne correspond pas toujours à la bonté, mais en est distincte, et parfois lui est contraire.

Suivant Home (1696-1782), la beauté est ce qui plaît. C'est le goût seul qui la définit. L'idéal du goût est que le maximum de richesse, de plénitude, de force, et de variété d'impressions se trouve contenu dans les plus étroites limites. Et tel est aussi l'idéal d'une œuvre d'art parfaite.

Suivant Burke (1729-1797), le sublime et le

beau, qui sont les objets de l'art, trouvent leur origine dans notre instinct de conservation et dans notre instinct de sociabilité. La défense de l'individu, et la guerre, qui en est la conséquence, sont les sources du sublime ; la sociabilité, et l'instinct sexuel, qui en est la conséquence, sont la source du beau.

Pendant que les penseurs anglais se contredisaient ainsi l'un l'autre dans leurs définitions de la beauté et de l'art, les esthéticiens français n'arrivaient pas davantage à se mettre d'accord. Suivant le père André (*Essai sur le Beau*, 1741), il y a trois sortes de beauté : la beauté divine, la beauté naturelle, et la beauté artificielle. Suivant Batteux (1713-1780), l'art consiste à imiter la beauté de la nature et son but doit être de plaire. Telle est aussi, ou à peu près, la définition de Diderot. Voltaire et d'Alembert estiment que les lois du goût décident seules de la beauté, mais que ces lois, d'ailleurs, échappent à toute définition.

Suivant un auteur italien de la même période, Pagano, l'art consiste à unir les beautés éparses dans la nature. La beauté, pour lui, se confond avec la bonté : la beauté est la bonté rendue visible ; et la bonté est la beauté rendue intérieure.

Suivant d'autres Italiens, Muratori (1672-1750) et
Spaletti (*Saggio sopra la Bellezza*, 1765), l'art se
ramène à une sensation égoïste, fondée sur notre
instinct de sociabilité.

Des esthéticiens hollandais, le plus remarquable
est Hemsterhuis (1720-1790), qui a exercé une
influence réelle sur les esthéticiens allemands et
sur Gœthe. Suivant lui, la beauté est ce qui procure le plus de plaisir; et ce qui nous procure le
plus de plaisir, c'est ce qui nous donne le plus
grand nombre d'idées dans le plus court espace
de temps. Aussi la jouissance du beau est-elle,
pour lui, la plus haute de toutes, parce qu'elle
nous donne la plus grande quantité d'idées dans
le plus court espace de temps.

Telles étaient, en Europe, les diverses théories
des esthéticiens, lorsque Kant (1724-1804) pro-
posa la sienne, qui est restée depuis, comme l'on
sait, une des plus célèbres.

La théorie esthétique de Kant peut être résumée
ainsi : — L'homme a la connaissance de la nature, en dehors de lui, et de lui-même, dans
la nature. Dans la nature, il cherche la vérité;
en lui-même, il cherche la bonté. La première

de ces recherches est affaire de *raison pure,* la seconde de *raison pratique.* Mais en sus de ces deux moyens de perception, il y a encore la capacité de jugement, qui peut produire « des jugements sans concepts et des plaisirs sans désirs ». C'est cette capacité qui est la base du sentiment esthétique. La beauté, suivant Kant, est, au point de vue subjectif, ce qui plaît d'une façon générale et nécessaire, sans concept et sans utilité pratique. Au point de vue objectif, c'est la forme d'un objet plaisant en tant que cet objet nous plaît sans aucune préoccupation de son utilité.

Des définitions analogues ont été données de la beauté par les successeurs de Kant, parmi lesquels figure Schiller (1759-1805). Mais tout autre déjà est la définition de Fichte (1762-1814). Celui-là soutient que le monde a deux faces, étant d'une part la somme de nos limitations, et d'autre part la somme de notre libre activité idéale. Sous la première face tout objet est défiguré, comprimé, mutilé, et nous voyons la laideur ; sous la seconde face nous percevons les objets dans leur plénitude et leur vie intimes, nous voyons la beauté. Aussi la beauté, pour Fichte, ne réside-t-elle pas dans le monde, mais dans « l'âme belle ».

L'art est la manifestation de cette « âme belle » ;
il a pour but l'éducation non seulement de l'esprit,
non seulement du cœur, mais de l'homme tout
entier. Et ainsi les caractères de la beauté ne sont
pas le fait des sensations extérieures, mais de la
présence d'une âme belle chez l'artiste.

Passons encore sur les théories de Frédéric
Schlegel (1772-1829) et d'Adam Muller (1779-
1829) pour arriver à celles du célèbre Schelling
(1775-1854). Suivant ce philosophe, l'art est le résultat d'une conception des choses dans laquelle
le sujet devient son propre objet, ou l'objet son
propre sujet. La beauté est la perception de l'infini
dans le fini. L'art est l'union du subjectif et de
l'objectif, de la nature et de la raison, du con-
scient et de l'inconscient. Et la beauté est aussi
la contemplation des choses en soi, telles qu'elles
existent dans leurs prototypes. Ce n'est pas la
science, ni l'adresse de l'artiste, qui produisent la
beauté, mais l'idée de la beauté qui est en lui.

Après Schelling et son école vient la fameuse
doctrine esthétique de Hegel. C'est elle qui fait,
aujourd'hui encore, et qu'on s'en doute ou non, la
base des opinions courantes sur l'art et la beauté.
Elle n'est d'ailleurs ni plus claire ni plus précise

que les doctrines précédentes, mais au contraire, si c'est possible, plus abstruse et plus nuageuse. Suivant Hegel (1770-1831), Dieu se manifeste dans la nature et dans l'art sous la forme de la beauté. La beauté est le reflet de l'idée dans la matière. Seule l'âme est vraiment belle ; mais l'esprit se montre à nous sous la forme sensible, et c'est cette apparence sensible de l'esprit qui est la seule réalité de la beauté. La beauté et la vérité, dans ce système, sont une seule et même chose : la beauté est l'expression sensible de la vérité.

Cette doctrine fut reprise, développée, et enrichie d'une foule de formules nouvelles par les élèves de Hegel, Weisse, Ruge, Rosenkrantz, Vischer, et autres. Mais qu'on ne croie pas que l'hégélianisme ait eu le monopole des théories esthétiques en Allemagne ! Côte à côte avec lui, d'autres systèmes paraissaient, en grand nombre, qui non seulement n'admettaient pas avec Hegel que la beauté fût le reflet de l'idée, mais qui contredisaient expressément cette définition, la réfutaient, la tournaient en ridicule. Bornons-nous à citer deux de ces théories, celle de Herbart et celle de Schopenhauer.

Suivant Herbart (1776-1841), il n'y a pas et ne

saurait y avoir une beauté existant par elle-même. Rien n'existe que notre opinion, et celle-ci est basée sur nos impressions personnelles. Il y a de certaines relations que nous nommons belles ; et l'art consiste à les découvrir, aussi bien dans la peinture que dans la musique et la poésie.

Suivant Schopenhauer (1788-1860), la volonté s'objective dans le monde sur des plans divers ; chacun de ces plans a sa beauté propre, et le plus haut de tous en est aussi le plus beau. Le renoncement à notre individualité, en nous permettant de contempler ces manifestations de la Volonté, nous donne une perception de la beauté. Tous les hommes possèdent la capacité d'objectiver l'idée sur des plans différents ; mais le génie de l'artiste a cette capacité à un degré plus haut, et peut produire ainsi une beauté supérieure.

Après ces écrivains fameux, d'autres vinrent en Allemagne, d'une originalité et d'une influence moindres, mais dont chacun se faisait fort de ne rien laisser debout de la doctrine de ses confrères passés et présents. Tels Hartmann, Kirkmann, Schnaase, le physicien Helmholtz, Bergmann, Jungmann, etc.

Suivant Hartmann (né en 1842), la beauté ne réside ni dans le monde extérieur, ni dans « la chose en soi », ni dans l'âme, mais dans *l'apparence* produite par l'artiste. La « chose en soi » n'est pas belle, mais nous paraît belle quand l'artiste la transforme.

Suivant Schnaase (1798-1875), il n'y a pas dans le monde de beauté parfaite. La nature ne fait qu'en approcher; l'art nous donne ce que la nature ne peut pas nous donner.

Suivant Kirkmann (1802-1884), il y a six royaumes en histoire : les royaumes de la science, de la richesse, de la morale, de la foi, de la politique et de la beauté. L'art est l'activité s'exerçant dans ce dernier royaume.

Suivant Helmholtz (1821-1896), qui ne s'est occupé que de l'esthétique musicale, la beauté en musique s'obtient seulement par l'observation de certaines lois invariables : lois que l'artiste ne connaît pas, mais auxquelles il obéit d'une façon inconsciente.

Suivant Bergmann (*Ueber das Schœne*, 1887), il est impossible de définir la beauté d'une façon objective. La beauté ne peut être que perçue d'une façon subjective; et, par suite, le problème de l'esthétique consiste à définir ce qui plaît à chacun.

Suivant Jungmann (mort en 1885), 1° la beauté est une qualité supra-sensible des choses; 2° le plaisir artistique se produit en nous par la simple contemplation de la beauté; 3° la beauté est le fondement de l'amour.

Est-il besoin de dire que, pendant que l'Allemagne enfantait ces doctrines, l'esthétique ne chômait ni en France, ni en Angleterre?

En France il y avait Cousin (1792-1867), un éclectique, qui s'inspirait des doctrines des idéalistes allemands. La beauté, suivant lui, reposait toujours sur un fondement moral. Il disait en outre qu'elle pouvait être définie objectivement, et qu'elle était, par essence, la variété dans l'unité. Son élève Jouffroy (1796-1842) voyait dans la beauté une expression de l'invisible. Le métaphysicien Ravaisson considérait la beauté comme le but et la fin suprême de l'Univers. Et le métaphysicien Renouvier disait à son tour : « Ne craignons pas d'affirmer qu'une vérité qui ne serait pas belle ne serait qu'un jeu logique de notre esprit, et que la seule vérité solide, et digne de ce nom, c'est la beauté. »

Tous ces penseurs prenaient le point de départ de leurs théories en Allemagne ; d'autres, dans le même temps, s'efforçaient d'être plus originaux : Taine, Guyau, Cherbuliez, Véron, etc.

Suivant Taine (1828-1893), il y a beauté quand le caractère essentiel d'une idée importante se manifeste plus complètement qu'il ne le fait dans la réalité. Suivant Guyau (1854-1888), la beauté n'est pas une chose extérieure à l'objet, mais la fleur même de l'objet. L'art est l'expression d'une vie raisonnable et consciente, évoquant en nous, à la fois, la conscience la plus profonde de notre existence et les plus hauts sentiments et les plus nobles pensées. L'art, suivant lui, transporte l'homme, de la vie personnelle, dans la vie universelle, par le moyen d'une participation aux mêmes sentiments et aux mêmes idées. Suivant Cherbuliez, l'art est une activité qui 1° satisfait notre amour inné des apparences; 2° incarne, dans ces apparences, des idées; 3° et donne en même temps le plaisir à nos sens, à notre cœur, et à notre raison.

Voici encore, pour être complet, l'avis de quelques auteurs français plus récents. La *Psychologie du beau et de l'art*, par Mario Pilo (1895), dit que la beauté est un produit de nos impressions physiques. Le but de l’art est le plaisir ; mais l’auteur estime que ce plaisir ne peut manquer d’être éminemment moral. L’*Essai sur l’art contemporain*, par Fierens-Gevaert (1897), dit que l’art consiste dans l’équilibre entre le maintien des traditions du passé et l’expression de l’idéal du présent. Enfin le Sâr Péladan affirme que la beauté est une des manifestations de Dieu. « Il n’y a pas d’autre réalité que Dieu, il n’y a pas d’autre vérité que Dieu, il n’y a pas d’autre beauté que Dieu. »

L’*Esthétique* de Véron (1878) se distingue des autres ouvrages du même genre en ce qu’elle est du moins claire et compréhensible.

Sans y donner de définition exacte de l’art, l’auteur a le mérite de débarrasser l’esthétique de toutes les vagues notions de la beauté absolue. L’art, suivant Véron, est la manifestation d’une émotion exprimée au dehors par une combinaison de lignes, de formes, de couleurs, ou par une succession de mouvements, de rythmes, et de sons.

Les Anglais, de leur côté, s’accordent pour la plupart à définir la beauté non par ses qualités propres, mais par l’impression et le goût personnels. Ainsi faisaient déjà Reid (1704-1796), Alison, et Erasme Darwin (1731-1802). Mais plus remarquables sont les théories de leurs successeurs.

Suivant Charles Darwin (1805-1882), la beauté est un sentiment naturel non seulement à l'homme, mais aux animaux. Les oiseaux ornent leurs nids et font cas de la beauté dans leurs relations sexuelles. La beauté, d'ailleurs, est un composé de notions et de sentiments divers. L'origine de la musique doit être cherchée dans l'appel adressé par les mâles aux femelles.

Suivant Herbert Spencer (né en 1820), l'origine de l'art doit être cherchée dans le jeu. Chez les animaux inférieurs, toute l'énergie vitale est employée à l'entretien de la vie individuelle et de la vie de la race ; mais chez l'homme, quand ses instincts ont été satisfaits, il reste un surplus de force qui se dépense en jeu, puis en art.

Grant Allen, dans ses *Physiological Esthetics* (1877), dit que la beauté a une origine physique. Les plaisirs esthétiques viennent de la contemplation de la beauté, mais la conception de la beauté est le résultat d'un processus physiologique. Le beau, c'est ce qui procure le maximum de stimulation avec le minimum de dépense.

Les diverses opinions sur l'art et la beauté que je viens de mentionner, y compris encore, pour l'Angleterre, celles de Todhunter, de Mozeley, de Ker, de Knight, etc., sont loin d'épuiser tout ce qui a été écrit sur la matière. Pas un jour ne se passe sans que surgissent de nouveaux esthéticiens, dans les doctrines desquels se retrouvent, invariablement, le même vague et la même contradiction. Quelques-uns, par inertie, se bornent à reprendre, avec de légères variantes, l'esthétique mystique des Baumgarten et des Hegel ; d'autres transfèrent la question dans la région de la subjectivité, et rattachent la beauté au goût; d'autres, les esthéticiens des dernières générations, cherchent l'origine de la beauté dans les lois de la physiologie ; et d'autres enfin envisagent résolument le problème de l'art en dehors de toute conception de beauté. Ainsi Sully, dans *Sensation and Intuition*, élimine tout à fait la notion de beauté. L'art, dans sa définition, est simplement un produit apte à procurer à son producteur une jouissance active, et à faire naître une impression agréable chez un certain nombre de spectateurs ou d'auditeurs, indépendamment de toute considération de l'utilité pratique.

CHAPITRE III

Que résulte-t-il de toutes ces définitions de la
beauté? Abstraction faite de celles, trop évidemment inexactes, qui ne répondent pas à la conception de l'art, et qui placent la beauté ou dans
l'appropriation à une fin, ou dans la symétrie, ou
dans l'ordre, ou dans l'harmonie des parties, ou
dans l'unité sous la variété, ou dans des combinaisons diverses de ces éléments, — abstraction
faite de ces essais infructueux d'une définition objective, toutes les définitions de la beauté propo-
sées par les esthéticiens aboutissent à deux principes opposés. Le premier, c'est que la beauté est
une chose qui existe par elle-même, une manifestation de l'Absolu, du Parfait, de l'Idée, de l'Esprit, de la Volonté, de Dieu. Le second, c'est que
la beauté est seulement un plaisir particulier que
nous éprouvons dans certaines occasions, et

où le sentiment de l'avantage n'entre pour rien.

Le premier de ces principes a été admis par Fichte, Schelling, Hegel, Schopenhauer, et les métaphysiciens français. Il est, aujourd'hui encore, très répandu dans nos classes cultivées, surtout chez les représentants des vieilles générations.

Le second principe, celui qui fait de la beauté une impression de plaisir personnelle, celui-là est en faveur surtout parmi les esthéticiens anglais : c'est à lui que se rallient de plus en plus les jeunes générations, dans notre société.

Et ainsi il n'y a (ce qui était d'ailleurs fatal) que deux définitions possibles de la beauté : l'une objective, mystique, noyant la notion de la beauté dans celle du parfait ou de Dieu, — définition éminemment fantaisiste et sans fondement réel ; l'autre, au contraire, très simple et très intelligible, mais toute subjective, et qui considère la beauté comme étant tout ce qui plaît. D'une part, la beauté apparaît comme quelque chose de sublime et de surnaturel, mais, en même temps, hélas ! d'indéfini ; d'autre part elle apparaît comme une sorte de plaisir désintéressé éprouvé par nous. Et cette seconde conception de la beauté est en effet très claire, mais, malheureusement, elle est aussi inexacte, car, à son tour, elle s'étend trop loin dans le sens opposé, en impliquant la beauté des plaisirs tirés de la nourriture, de la boisson, de l'habillement, etc.

Il est vrai que, si nous suivons les phases successives du développement de l'esthétique, nous constatons que les doctrines métaphysiques et idéalistes perdent de plus en plus de terrain au profit des doctrines expérimentales et positives, si bien que nous voyons même des esthéticiens, comme Véron et Sully, s'efforcer d'éliminer tout à fait la notion de la beauté. Mais les esthéticiens de cette école n'ont encore que fort peu de succès; et la grande majorité du public, ainsi que des artistes et des savants, s'en tient à l'une des deux définitions classiques de l'art, qui toutes deux fondent l'art sur la beauté, voyant dans celle-ci ou bien une entité mystique et métaphysique, ou bien une forme spéciale du plaisir.

Essayons donc d'examiner à notre tour cette fameuse conception de la beauté artistique.

Au point de vue subjectif, ce que nous appelons beauté, c'est incontestablement tout ce qui nous fournit un plaisir d'une espèce particulière. Au point de vue objectif, nous donnons le nom de beauté à une certaine perfection; mais là, encore, il est clair que nous faisons cela parce que le contact de cette perfection nous fournit une certaine espèce de plaisir; de sorte que notre définition objective n'est qu'une forme nouvelle de la définition subjective. En réalité, toute notion de beauté se réduit pour nous à la réception d'une certaine espèce de plaisir.

Cela étant, il serait naturel que l'esthétique renonçât à la définition de l'art fondé sur la beauté, c'est-à-dire sur le plaisir personnel, et se mît en quête d'une définition plus générale, pouvant s'appliquer à toutes les productions artistiques, et permettant de discerner ce qui relève ou non du domaine des arts. Mais aucune définition de ce genre ne nous a été fournie, comme le lecteur peut s'en convaincre par notre résumé des diverses théories esthétiques. Toutes les tentatives faites pour définir la beauté absolue ou bien ne définissent rien, ou ne définissent que quelques traits de quelques productions artistiques, bien loin de s'étendre à tout ce que tout le monde a toujours considéré, et considère encore, comme étant du domaine de l'art.

Il n'y a pas une seule définition objective de la
beauté. Les définitions existantes, aussi bien métaphysiques qu'expérimentales, aboutissent toutes
à cette même définition subjective qui veut que
l'art soit ce qui manifeste de la beauté, et que la
beauté soit ce qui plaît sans exciter le désir. Bien
des esthéticiens ont senti l'insuffisance et l'insta-
bilité d'une telle définition ; et, pour lui donner
une base solide, ont étudié les origines du plaisir
artistique. Ils ont, par là, transformé la question
de la beauté en une question du goût. Mais le goût,
en fin de compte, s'est trouvé aussi difficile à définir que la beauté. Car il n'y a et ne saurait y avoir
d'explication complète et sérieuse de ce qui fait
qu'une chose plaît à un homme et déplaît à un
autre, ou vice versa. Et, de la sorte, toute l'esthétique, depuis sa fondation jusqu'à nos jours,
échoue à faire ce que nous pouvions compter
qu'elle ferait, en sa qualité de soi-disant science ;
elle ne définit, en effet, ni les qualités et les lois
de l'art, ni le beau, ni la nature du goût. Toute
cette fameuse science de l'esthétique consiste,
au fond, à ne reconnaître comme étant artistiques
qu'un certain nombre d'œuvres, simplement
parce qu'elles nous plaisent, et puis ensuite à com-

biner une théorie de l'art qui puisse s'adapter à toutes ces œuvres. On reconnaît d'abord un canon artistique, suivant lequel on tient pour des œuvres d'art certaines productions qui ont le bonheur de plaire à certaines classes sociales, les œuvres de Phidias, de Raphaël, de Titien, de Bach, de Beethoven, d'Homère, de Sophocle, de Dante, de Shakespeare, de Gœthe, etc. ; et, après cela, les lois de l'esthétique doivent être arrangées de telle sorte qu'elles embrassent la totalité de ces œuvres.

Un esthéticien allemand que je lisais l'autre jour, Folgeldt, discutant les problèmes de l'art et de la morale, affirmait nettement que c'était pure folie de vouloir chercher de la morale dans l'art. Et savez-vous l'unique preuve sur laquelle il fondait son argumentation ? Il disait que, si l'art devait être moral, ni *Roméo et Juliette* de Shakespeare, ni *Wilhelm Meister* de Gœthe ne seraient des œuvres d'art ; or ces livres ne pouvant manquer d'être des œuvres d'art, toute la théorie de la moralité dans l'art se trouvait ainsi réduite à néant. Sur quoi Folgeldt se mettait en quête d'une définition de l'art donnant accès à ces deux œuvres : ce qui le conduisait à proposer, comme le fondement de l'art, la « signification ».

Or c'est sur ce plan que sont construites toutes les esthétiques qui existent. Au lieu de donner d'abord une définition de l'art véritable, et de décider ensuite ce qui est, ou n'est pas, de bon art, on pose a priori, comme étant des œuvres d'art, un certain nombre d'œuvres qui, pour de certaines raisons, plaisent à une certaine portion du public ; et c'est ensuite qu'on invente une définition de l'art pouvant s'étendre à toutes ces œuvres. Ainsi l'esthéticien allemand Muther, dans son *Histoire de l'art au dix-neuvième siècle*, non seulement ne blâme pas les tendances des préraphaélites, des décadents, et des symbolistes, mais travaille le plus consciencieusement du monde à élargir sa définition de l'art de façon à pouvoir y comprendre ces tendances nouvelles. Quelle que soit l'insanité nouvelle qui paraisse en art, à peine les classes supérieures de notre société l'ont-elles admise, qu'aussitôt on invente une théorie pour les expliquer et les sanctionner, comme s'il n'y avait jamais eu des périodes, dans l'histoire, où certains groupes sociaux tenaient pour de l'art véritable un art faux, déformé, vide de sens, qui plus tard ne laissait pas même de traces et était à jamais oublié !

La théorie de l'art fondé sur la beauté, telle

que nous l'expose l'esthétique, n'est donc, en somme, que l'admission, au rang des choses « bonnes », d'une chose qui nous a plu ou nous plaît encore.

Pour définir une forme particulière de l'activité humaine, il est nécessaire d'en comprendre d'abord le sens et la portée. Et pour arriver à cette compréhension, il est d'abord nécessaire d'examiner cette activité en elle-même, puis dans ses rapports avec ses causes et ses effets, et non pas seulement au point de vue du plaisir personnel que nous pouvons en retirer. Si nous disons que le but d'une certaine forme d'activité est simplement notre plaisir, et que nous définissions cette activité par le plaisir qu'elle nous procure, la définition sera forcément inexacte. Mais c'est là, tout juste, ce qui est arrivé toutes les fois qu'on a voulu définir l'art. Dans la question de l'alimentation, par exemple, personne n'aura l'idée d'affirmer que l'importance d'une nourriture se mesure à la somme de plaisir que nous en tirons. Chacun admet et comprend que la satisfaction de notre goût ne saurait servir de base à notre définition de la valeur de cette nourriture, et que par suite nous n'avons absolument pas le droit de présumer que

le poivre de Cayenne, le fromage de Limberg, l'al-
cool, etc., auxquels nous sommes accoutumés, et
qui nous plaisent, forment la meilleure des alimen-
tations. Or le cas est tout à fait le même pour la
question de l'art. La beauté, ou ce qui nous plaît,
ne saurait en aucune façon nous servir de base
pour une définition de l'art, ni la série des objets
qui nous causent du plaisir être considérée comme
le modèle de ce que l'art doit être. Chercher l'objet et la fin de l'art dans le plaisir que nous en
retirons, c'est imaginer, comme font les sauvages,
que l'objet et la fin de l'alimentation sont dans le
plaisir qu'on en tire.

Le plaisir n'est, dans les deux cas, qu'un élément accessoire. Et de même qu'on n'arrive pas à
connaître le véritable but de l'alimentation, qui est
l'entretien du corps, si l'on ne cesse pas d'abord
de chercher ce but dans le plaisir de manger, de
même on ne comprend la vraie signification de l'art
que si l'on cesse de chercher le but de l'art dans
la beauté, c'est-à-dire dans le plaisir. Et de même
que des discussions sur la question de savoir pourquoi tel homme aime les fruits et tel autre préfère
la viande, de même que ces discussions ne nous
aident en rien à découvrir ce qui est utile et essen-

tiel dans la nourriture, de même l'étude des questions de goût en art non seulement n'aide pas à
nous faire comprendre la forme particulière de
l'activité humaine que nous appelons art, mais
nous rend au contraire cette compréhension tout
à fait impossible.

A cette question : « Qu'est-ce que l'art ? » nous
avons apporté des réponses sans nombre, tirées
des divers ouvrages d'esthétique. Et toutes ces
réponses, ou presque toutes, se contredisant d'ailleurs sur tous les autres points, sont d'accord pour
proclamer que le but de l'art est la beauté, que la
beauté se reconnaît au plaisir qu'elle donne, et que
ce plaisir, à son tour, est une chose importante,
simplement parce qu'il est un plaisir. De telle
sorte que ces innombrables définitions de l'art se
trouvent n'être nullement des définitions, mais
de simples tentatives pour justifier l'art existant.
Si étrange que la chose puisse sembler, en dépit des montagnes de livres écrites sur l'art, aucune définition véritable de l'art n'a été essayée;
et la raison en est dans ce qu'on a toujours fondé
la conception de l'art sur celle de la beauté.

CHAPITRE IV

LE RÔLE PROPRE DE L'ART

Qu'est-ce donc que l'art, si nous faisons abstraction de cette conception de la beauté, qui ne sert qu'à embrouiller inutilement le problème ? Les seules définitions de l'art qui témoignent d'un effort pour s'abstraire de cette conception de la beauté sont les suivantes : 1° Suivant Schiller, Darwin, Spencer, l'art est une activité qui se produit même chez les animaux, et qui résulte de l'instinct sexuel et de l'instinct du jeu ; et Grant Allen ajoute que cette activité s'accompagne d'une excitation agréable du système nerveux ; 2° suivant Véron, l'art est la manifestation externe d'émotions intérieures, produite par le moyen de lignes, de couleurs, de mouvements, de sons, ou de paroles ; 3° suivant Sully, l'art est la production d'un objet permanent, ou d'une action passagère, aptes à procurer à leur producteur une jouissance active, et à faire naître une impression agréable chez une certain nombre de spectateurs ou d'auditeurs, indépendamment de toute considération d'utilité pratique.

Infiniment supérieures aux définitions métaphysiques qui fondent l'art sur la beauté, ces trois définitions n'en sont pas moins inexactes.

La première est inexacte parce que, au lieu de s'occuper de l'activité artistique même, qui est seule en question, elle ne traite que des origines de cette activité. L'addition proposée par Grant Allen est inexacte aussi, parce que l'excitation nerveuse dont elle fait mention peut accompagner maintes autres formes de l'activité humaine, en plus de l'activité artistique; et c'est ce qui a produit l'erreur des nouvelles théories esthétiques, élevant au rang d'art la préparation de beaux vêtements, d'odeurs plaisantes, ou même de mets.

La définition de Véron, qui fait consister l'art dans l'expression des émotions, est inexacte, parce qu'un homme peut exprimer ses émotions par le moyen de lignes, de couleurs, de mots ou de sons, sans que son expression agisse sur autrui; auquel cas il ne saurait s'agir d'une expression artistique.

Enfin la définition de Sully est inexacte, parce

qu'elle s'étend aussi bien aux tours de passe-passe
et aux exercices d'acrobatie qu'à l'art, tandis qu'il
y a au contraire des produits qui peuvent être de
l'art sans donner de sensations agréables tant au
producteur qu'à son public : telles des scènes dou-
loureuses ou pathétiques, dans un poème ou dans
un drame.

Et l'inexactitude de toutes ces définitions provient de ce que toutes, de même que les définitions
métaphysiques, ont seulement en vue le plaisir que
l'art peut procurer, et non pas le rôle qu'il peut et
doit jouer dans la vie de l'homme et de l'humanité.

Pour donner de l'art une définition correcte, il
est donc nécessaire, avant tout, de cesser d'y voir
une source de plaisir, pour le considérer comme
une des conditions de la vie humaine. Et si on le
considère à ce point de vue, on ne peut manquer
de constater, tout de suite, que l'art est un des
moyens qu'ont les hommes de communiquer entre
eux.

Toute œuvre d'art a pour effet de mettre l'homme à qui elle s'adresse en relation, d'une certaine
façon, à la fois avec celui qui l'a produite et avec
tous ceux qui, simultanément, antérieurement,

ou postérieurement, en reçoivent l'impression. La parole, transmettant les pensées des hommes, est un moyen d'union entre eux; et, l'art, lui aussi, en est un. Ce qui le distingue, comme moyen de communication, d'avec la parole, c'est que, par la parole, l'homme transmet à autrui ses pensées, tandis que par l'art il lui transmet ses sentiments et ses émotions. Et voici comment s'opère cette transmission.

Tout homme est capable d'éprouver tous les sentiments humains, bien que tout homme ne soit pas capable de les exprimer tous. Mais il suffit qu'un autre homme les exprime devant lui pour qu'aussitôt il les éprouve en lui, lors même qu'il ne les a jamais éprouvés avant. Pour prendre l'exemple le plus simple : si un homme rit, l'homme qui l'entend rire en ressent de la gaieté; si un homme pleure, celui qui le voit pleurer se sent lui-même tout triste. Un homme est excité ou irrité : un autre homme, qui le voit, entre dans un état analogue au sien. Par ses mouvements ou par le son de sa voix, un homme exprime son courage, sa résignation, sa tristesse, et ce sentiment se transmet à ceux qui le voient ou l'entendent. Un homme exprime sa souffrance par des soupirs et des gémissements : sa souffrance se communique à ceux qui l'entendent. Et il en est de même pour mille autres sentiments.

Or, c'est sur cette aptitude de l'homme à éprouver les sentiments éprouvés par un autre homme qu'est fondée la forme d'activité qui s'appelle l'art. Et encore l'art proprement dit ne commence-t-il que lorsque celui qui éprouve une émotion, et veut la communiquer à d'autres, a recours pour cela à des signes extérieurs. Prenons, cette fois encore, un exemple élémentaire. Un enfant, ayant ressenti de la peur à la rencontre d'un loup, raconte cette rencontre ; et, pour évoquer chez ses auditeurs l'émotion qu'il a éprouvée, il leur décrit la condition où il se trouvait, les objets qui l'entouraient, la forêt, son état d'insouciance, puis l'apparition du loup, ses mouvements, la distance où il était de lui, etc. Tout cela est de l'art, si seulement l'enfant, en racontant son aventure, repasse de nouveau par les sentiments qu'il y a éprouvés, et si ses mouvements, le son de sa voix, ses images obligent ses auditeurs à ressentir, eux aussi, des sentiments analogues. Et si même l'enfant n'a jamais vu un loup, mais a simplement eu peur d'en rencontrer un, et que, désirant communiquer à autrui cette peur qu'il a eue, il invente une rencontre avec un loup, et la raconte de façon à communiquer à ses auditeurs la peur qu'il a éprouvée, cela encore sera de l'art. Et de même il y a art si un homme, ayant éprouvé ou la peur de souffrir ou le désir de jouir, que ce soit en réalité ou en imagination, exprime ses sentiments sur la toile ou dans le marbre de façon à les faire éprouver par autrui. Il y a art si un homme ressent, ou imagine ressentir des émotions de joie, de tristesse, de désespoir, de courage ou d'abattement, ainsi que le passage d'une de ces émotions à l'autre, et s'il exprime tout cela par des sons qui permettent à d'autres que lui de l'éprouver comme lui.

Les sentiments que l'artiste communique à autrui peuvent être d'espèce diverse, forts ou faibles, importants ou insignifiants, bons ou mauvais; ce peuvent être des sentiments de patriotisme, de résignation, de piété, de volupté; ils peuvent être exprimés par un drame, un roman, une peinture, une marche, une danse, un paysage, ou une fable; toute œuvre qui les exprime est, par cela même, de l'art.

Dès que les spectateurs ou les auditeurs éprou-

vent les sentiments que l'auteur exprime, il y a
œuvre d'art.

Évoquer en soi-même un sentiment déjà éprouvé
et, l'ayant évoqué, le communiquer à autrui, par
le moyen de mouvements, de lignes, de couleurs,
de sons, d'images verbales : tel est l'objet propre de l'art. L'art est une forme de l'activité humaine consistant, pour un homme, à transmettre
à autrui ses sentiments, consciemment et volon-
tairement, par le moyen de certains signes extérieurs. Les métaphysiciens se trompent, en voyant
dans l'art la manifestation d'une idée mystérieuse
de la Beauté, ou de Dieu ; l'art n'est pas non plus,
comme le prétendent les esthéticiens physiologis-
tes, un jeu où l'homme dépense son excès d'é-
nergie ; il n'est pas l'expression des émotions humaines par des signes extérieurs ; il n'est pas une
production d'objets plaisants ; surtout il n'est pas
un plaisir : il est un moyen d'union parmi les
hommes, les rassemblant dans un même sentiment,
et, par là, indispensable pour la vie de l'humanité, et pour son progrès dans la voie du bonheur.

Car de même que, grâce à notre faculté d'exprimer nos pensées par des mots, chaque homme

peut connaître tout ce qui a été fait avant lui dans le domaine de la pensée, et peut aussi, dans le temps présent, participer à l'activité des autres hommes, et peut encore transmettre à ses contemporains et à ses descendants les pensées qu'il a recueillies et celles qu'il y a jointes de son propre fonds ; de même, grâce à notre faculté de pouvoir transmettre nos sentiments à autrui par le moyen de l'art, tous les sentiments éprouvés autour de nous peuvent nous être accessibles, et aussi des sentiments éprouvés mille ans avant nous.

Si nous n'avions pas la capacité de connaître les pensées conçues par les hommes qui nous ont précédés, et de transmettre à autrui nos propres pensées, nous serions comme des bêtes sauvages, ou comme Gaspard Hauser, l'orphelin de Nuremberg, qui, élevé dans la solitude, avait à seize ans l'intelligence d'un petit enfant. Et si nous n'avions pas la capacité d'être émus des sentiments d'autrui par le moyen de l'art, nous serions presque plus sauvages encore, plus séparés l'un de l'autre, plus hostiles l'un à l'autre. D'où il résulte que l'art est une chose des plus importantes, aussi importante que le langage lui-même.

On nous a habitués à ne comprendre, sous le nom d'art, que ce que nous entendons et voyons dans les théâtres, les concerts, et les expositions, ou ce que nous lisons dans des poèmes ou des romans. Mais tout cela n'est qu'une partie infime de l'art véritable, par le moyen duquel nous transmettons à autrui notre vie intérieure, ou nous recueillons la vie intérieure d'autrui. Toute l'existence humaine est remplie d'œuvres d'art, depuis les berceuses, les danses, la mimique et l'intonation, jusqu'aux offices religieux et aux cérémonies publiques. Tout cela est également de l'art. De même que la parole n'agit pas seulement sur nous dans les discours et les livres, mais aussi dans les conversations familières, de même l'art, au sens large de ce mot, imprègne toute notre vie; et ce qu'on appelle l'art, au sens étroit, est loin d'être l'ensemble de l'art véritable.

Mais durant de longs siècles l'humanité n'a distingué qu'une seule portion de cette énorme et diverse activité artistique : la portion des œuvres d'art ayant pour objet de transmettre des sentiments religieux. A toutes les formes de l'art qui n'étaient pas religieuses, aux chansons, aux danses, aux contes de fées, etc., les hommes ont longtemps refusé d'attacher de l'importance; et c'est par occasion seulement que les grands éducateurs de l'humanité se sont arrêtés à censurer certaines manifestations de cet art profane, quand ils les jugeaient opposées aux conceptions religieuses de leur temps.

C'est ainsi que les sages anciens, Socrate, Platon, et Aristote, ont entendu l'art. Ainsi l'ont entendu les prophètes hébreux et les premiers chrétiens; ainsi l'entendent aujourd'hui encore les mahométans; et ainsi l'entend le peuple, dans nos villages russes. Il s'est même trouvé des éducateurs de l'humanité, Platon, par exemple, et des nations entières, comme les mahométans et les bouddhistes, pour dénier à tout art le droit d'exister.

Et sans doute ces hommes et ces nations avaient tort de condamner tout art, car c'était vouloir supprimer une chose impossible à supprimer, un des moyens de communication les plus indispensables entre les hommes. Mais leur erreur était moins grande encore que celle que commettent aujourd'hui les Européens civilisés, en favorisant tous les arts à la seule condition qu'ils produisent de la beauté, c'est-à-dire qu'ils procurent du plai-

sir. Car jadis on craignait que, parmi les diverses
œuvres d'art, il n'y en eût qui pussent corrompre
les hommes; et c'est pour empêcher leur action
que l'on condamnait tous les arts; mais aujour-
d'hui la crainte d'être privés d'un seul petit plaisir
suffit pour nous engager à favoriser tous les arts,
au risque d'en admettre d'extrêmement dangereux.
Erreur bien plus grossière que l'autre, en vérité,
et ayant des conséquences bien plus désastreuses !

CHAPITRE V

Mais comment se fait-il que ce même art non religieux, qui dans les temps anciens était à peine toléré, en soit arrivé à passer pour une chose excellente à la seule condition de procurer du plaisir?

Voici, en résumé, comment cela se fait. L'estimation de la valeur de l'art (c'est-à-dire de la valeur des sentiments qu'il transmet) dépend de l'idée qu'on se fait du sens de la vie, et de ce que l'on considère comme étant bon ou mauvais dans cette vie. Et la science qui distingue ce qui est bon de ce qui est mauvais porte le nom de religion.

L'humanité, par sa nature, est portée à aller sans cesse d'une conception plus basse, plus partielle et plus obscure de la vie à une autre plus haute, plus générale, et plus claire. Et dans ce

mouvement de progrès, comme dans tous les
mouvements, l'humanité obéit à des chefs, des
hommes comprenant le sens de la vie plus clairement que les autres ; et, parmi ces hommes en
avance sur leur temps, il s'en trouve toujours un
qui a exprimé sa conception personnelle plus clairement ou plus fortement que les autres, dans ses
paroles et dans sa conduite. L'expression que donne
cet homme du sens de la vie, jointe aux superstitions, traditions et cérémonies qui ne manquent
jamais d'entourer la mémoire des grands hommes,
c'est cela qui, de tout temps, a formé les religions.
Celles-ci sont l'énoncé de la conception que se font
de la vie les hommes les meilleurs et les plus intelligents d'une certaine époque et d'une certaine
société ; et vers cette conception le reste de cette
société marche, ensuite, inévitablement et irré-
sistiblement. Par là s'explique que, de tous temps,
les religions aient seules servi de base à l'évaluation des sentiments humains. Les sentiments
qui rapprochent l'homme de l'idéal que lui indique sa religion, qui sont en harmonie avec lui,
ceux-là sont tenus pour bons ; les sentiments qui
éloignent l'homme de l'idéal de sa religion, ceux-
là sont tenus pour mauvais.

Si maintenant, comme c'était le cas chez les anciens Juifs, la religion fait consister le sens de la vie dans l'adoration d'un Dieu et dans l'accomplissement de sa volonté, ce sont les sentiments de soumission à la loi divine qui sont réputés bons; et ce sont aussi ceux qui constituent le bon art, exprimés par les prophéties, les psaumes, les poèmes épiques du genre de la Genèse. Tout ce qui est opposé à cet idéal, par exemple l'expression de sentiments de piété envers des dieux étrangers, ou d'autres sentiments incompatibles avec la loi de Dieu, tout cela est considéré comme de mauvais art. Que si au contraire, comme c'était le cas chez les Grecs, la religion fait consister le sens de la vie dans le bonheur terrestre, dans la force et dans la beauté, on considère alors comme étant le bon art celui qui exprime la joie et l'énergie de la vie, et, comme étant le mauvais art, celui qui exprime des sentiments de mollesse ou de dépression. Si, comme c'était le cas chez les Romains, le sens de la vie consiste dans la collaboration à la grandeur d'une nation ou si, comme c'est le cas chez les Chinois, il consiste dans l'honneur rendu aux ancêtres et la continuation de leur mode de vie, on tient alors pour bon l'art qui

exprime la joie du sacrifice du bien-être personnel
au profit du bien de la nation, ou celui qui exprime
le respect des ancêtres et le désir de les imiter; et
tout art qui exprime des sentiments opposés est
tenu pour mauvais. Si le sens de la vie consiste
dans l'affranchissement du joug de l'animalité,
comme c'est le cas chez les bouddhistes, on tient
pour bon l'art qui élève l'âme et abaisse la chair,
et pour mauvais celui qui exprime des sentiments
tendant à affermir les passions corporelles.

A toute époque, et dans toute société humaine,
il y a un sens religieux de ce qui est bon et de ce
qui est mauvais, commun à la société entière; et
c'est ce sens religieux qui décide de la valeur des
sentiments exprimés par l'art. Cela était ainsi
chez les Juifs, les Grecs, les Romains, les Chinois,
les Égyptiens et les Indiens; et ainsi encore chez
les premiers chrétiens.

Le Christianisme des premiers siècles ne re-
connaissait comme étant de bon art que les légendes, les vies de saints, les sermons, les prières et
les hymnes, tout ce qui exprimait l'amour du Christ,
l'admiration de sa vie, le désir de suivre son exemple, le renoncement aux plaisirs du monde, l'humilité, la charité; et toutes les œuvres d'art expri-

mant des sentiments de jouissance personnelle étaient considérées comme mauvaises, et, par suite, condamnées : les représentations plastiques, notamment, n'étaient admises que quand elles avaient la valeur de symboles, et tout l'art païen était condamné. Cela était ainsi chez ces premiers chrétiens qui concevaient la doctrine du Christ, sinon tout à fait sous sa forme véritable, du moins sous une forme différente de la forme pervertie, paganisée, que cette doctrine a revêtue plus tard.

Mais à côté de ce Christianisme s'en est formé, peu à peu, un autre, un Christianisme d'Église, plus voisin du paganisme que de la doctrine du Christ. Et ce Christianisme d'Église, en conséquence de ses doctrines, a eu une tout autre façon d'estimer les œuvres d'art. Ayant substitué aux principes essentiels du véritable christianisme, qui sont l'intime parenté de tous les hommes avec Dieu, l'égalité et la fraternité parfaites de tous les hommes, et le remplacement de la violence par l'humilité et l'amour, ayant donc substitué à ces principes une hiérarchie céleste pareille à la mythologie païenne, ayant introduit dans la religion le culte du Christ, de la Vierge, des Anges, des Apôtres, des Saints, et non seulement de ces divinités elles-mêmes, mais aussi de leurs images, il en est venu à créer un art qui exprimait de son mieux ce nouvel idéal.

Et certes ce Christianisme n'avait rien à voir avec celui du Christ, certes il était inférieur, non seulement au vrai Christianisme, mais même à la conception que se faisaient, de la vie, des Romains tels que les Stoïciens ou l'empereur Julien ; mais avec tout cela, pour les barbares qui s'y convertissaient, c'était toujours une doctrine supérieure à leur ancienne adoration de dieux, de héros, de bons et de mauvais esprits. Et l'art qui dérivait de cette religion exprimait l'amour de la Vierge, de Jésus, des Saints et des Anges, la soumission aveugle aux décrets de l'Église, la peur des tourments de l'enfer et l'espoir des plaisirs du ciel ; et tout art opposé à celui-là était considéré comme mauvais.

Et cet art, malgré qu'il reposât sur une perversion de la doctrine du Christ, n'en était pas moins un art véritable, puisqu'il répondait à la conception religieuse des hommes parmi lesquels il se produisait. Les artistes du moyen-âge, s'inspirant à la même source de sentiment que la masse du peuple, et exprimant ces sentiments par l'architecture,

la peinture, la musique, la poésie ou le drame,
étaient de véritables artistes ; et leurs œuvres,
comme il convient aux œuvres d'art, transmet-
taient leurs sentiments à toute la communauté qui
les entourait.

Tel fut l'état des choses jusqu'au jour où, dans
les classes nobles, riches, et cultivées de la société
européenne, des doutes s'élevèrent sur la vérité de
cette conception de la vie qui se trouvait exprimée
dans le Christianisme d'Église. Quand, après les
Croisades et le plus haut développement du pouvoir des Papes, ces classes supérieures eurent appris à connaître la sagesse des auteurs classiques,
quand elles eurent vu, d'une part, le bon sens et la
clarté de l'enseignement des Grecs, et, d'autre part,
l'incompatibilité de la doctrine de l'Église avec
l'enseignement du Christ, il leur devint impossible de continuer à croire dans cette doctrine
de l'Église. Elles persistaient cependant, en apparence, à rester attachées aux formes de leur Église,
mais ce n'était plus que par inertie, ou pour con-
server leur influence sur les masses, dont la foi et
la soumission étaient demeurées entières. En fait,
le Christianisme d'Église avait cessé d'être la doc-

trine religieuse commune à tous les Chrétiens. Et les classes supérieures se trouvaient dans la même situation où s'étaient trouvés les Romains lettrés avant le Christianisme : elles n'admettaient plus la religion de la masse, mais elles n'avaient pas de croyances qui pussent remplacer pour elles la doctrine de l'Église, dont elles s'étaient éloignées.

La seule différence était que les Romains, ayant perdu leur foi dans leurs empereurs-dieux, ne pouvaient songer à rien tirer des mythologies compliquées qui avaient précédé la leur, et étaient forcés de se faire une conception de la vie entièrement nouvelle, tandis que les hommes de la Renaissance. ayant mis en doute la vérité du christianisme d'Église, n'avaient pas loin à aller pour trouver une meilleure doctrine. Ils n'avaient qu'à s'affranchir des perversions apportées par l'Église à la vraie doctrine du Christ. Et c'est en effet ce que firent quelques-uns d'entre eux, non seulement les réformateurs, Wiclef, Huss, Luther et Calvin, mais encore tous les adeptes du christianisme non-ecclésiastiques, les Pauliniens, les Bogomils, les Vaudois et autres. Mais ce retour au christianisme primitif ne fut guère accompli que par des pauvres gens, et dénués de tout pouvoir temporel. Il y eut bien quelques riches qui, comme François d'Assise, admirent la doctrine du Christ dans toute sa signification et avec toutes ses conséquences, et lui firent le sacrifice de leurs privilèges sociaux. Mais la plupart des hommes des classes supérieures, bien qu'ils eussent perdu toute foi dans la doctrine de l'Église, ne voulurent ni ne purent suivre leur exemple ; et cela parce que l'essence du vrai Christianisme consistait à admettre la fraternité, et par suite l'égalité de tous les hommes, ce qui annulait les privilèges dont ils avaient pris l'habitude de jouir. Et ces hommes des classes supérieures, papes, rois, ducs, et tous les grands de la terre, restèrent ainsi sans religion, ne gardant que les formes extérieures d'une religion dont les enseignements justifiaient les privilèges qui leur étaient chers. Et c'étaient précisément ces hommes qui, ayant le pouvoir et la richesse, payaient les artistes et les dirigeaient. Et, notons bien cela, c'est précisément parmi ces hommes qu'est né un art nouveau, un art qu'on estimait non plus dans la mesure où il exprimait les sentiments religieux de son temps, mais dans la mesure de sa beauté, c'est-à-dire du plaisir qu'il pouvait procurer. Incapables désormais de croire à une religion dont ils avaient découvert la fausseté, mais incapables aussi d'admettre le vrai Christianisme, qui condamnait toute leur manière de vivre, ces riches et ces puissants se trouvaient involontairement ramenés à la conception païenne, qui faisait consister le sens de la vie dans le plaisir personnel. Et c'est alors que se produisit, parmi les classes supérieures, ce que l'on appelle la Renaissance des sciences et des arts. L'époque de la Renaissance a été, en fait, une période de scepticisme complet dans les classes supérieures. N'ayant plus aucune foi religieuse, privés ainsi de toute règle fixe pour distinguer ce qui était le bon art d'avec ce qui était le mauvais, les hommes de ces classes supérieures adoptèrent pour règle leur plaisir personnel. Et, ayant admis pour critérium du bon art le plaisir, ou en d'autres termes la beauté, ils furent très heureux de pouvoir se raccrocher à la conception artistique,— très grossière, en somme, — des anciens Grecs. Leur nouvelle théorie de l'art fut le résultat direct de leur nouvelle façon de comprendre la vie.

CHAPITRE VI

LE FAUX ART

Dès le moment où les classes supérieures de la société européenne perdirent leur foi dans le christianisme d'Église, la beauté, c'est-à-dire le plaisir artistique, devint pour eux la mesure du bon et du mauvais art. Et, en conformité avec cette notion, une nouvelle théorie esthétique se forma parmi ces classes supérieures afin de la justifier : une théorie suivant laquelle l'art n'a 'pas d'autre but que de produire la beauté. Et les partisans de cette théorie esthétique, pour lui donner de la vraisemblance, affirmèrent qu'elle n'était pas de leur invention, mais qu'elle découlait directement de la nature des choses, et qu'elle avait été formulée déjà, par les anciens Grecs. Affirmations absolument arbitraire, et, de plus, inexacte : car c'était vrai que les Grecs ne distinguaient pas très

nettement le bien du beau ; mais cela tenait simplement à leur conception morale de la vie. Ils
ne se faisaient aucune idée de cette perfection supérieure de la beauté morale, non seulement distincte de la beauté artistique, mais le plus souvent
opposée à elle, et qui, déjà pressentie par certains
prophètes juifs, s'est trouvée pleinement exprimée
dans la doctrine du Christ. Ils supposaient que
le beau doit aussi, nécessairement, être le bien.
Seuls, leurs grands penseurs, Socrate, Platon,
Aristote, sentaient que la bonté ne coïncidait pas
toujours avec la beauté. Socrate subordonnait expressément la bonté à la beauté ; Platon, pour unir
les deux notions, parlait d'une beauté spirituelle ;
Aristote voulait que l'art eût une influence morale.
Mais, à l'exception de ces sages, tout le monde
admettait la concordance absolue de la beauté et
de la bonté ; et ainsi s'explique que, dans le langage des anciens Grecs, un mot composé, *kalokagathon*, ait servi à désigner cette concordance.

Ce n'était que le résultat d'une culture insuffisante, une simple confusion de deux notions très
distinctes. Et ce fut précisément cette confusion
que les esthéticiens de la Renaissance tentèrent
d'élever au rang d'une loi. Ils se firent fort de

prouver que l'union de la beauté et de la bonté était inhérente à la nature des choses, que la beauté coïncidait nécessairement avec la bonté, et que le sens du mot *kalokagathon* (qui avait un sens pour les Grecs mais n'en pouvait avoir aucun pour des chrétiens) représentait le plus haut idéal de l'humanité. Sur ce malentendu s'est élevée toute l'esthétique nouvelle. Et rien n'est moins légitime, en vérité, que sa prétention à être la suite de l'esthétique des Grecs.

« Pour qui veut y regarder de près, dit Bénard dans son livre sur l'esthétique d'Aristote, la théorie du beau et celle de l'art sont tout à fait séparées dans Aristote, comme elles le sont dans Platon et chez tous leurs successeurs. » Les Grecs, — comme tout le monde, toujours et partout. — considéraient l'art comme bon seulement quand il était au service de la bonté, c'est-à-dire de ce qu'ils entendaient par la bonté. Mais le sens moral était en eux si peu développé, que la bonté et la beauté leur semblaient coïncider. Quant à une doctrine esthétique, dans le genre de celle qu'on leur attribue, jamais ils n'en ont eu le moindre soupçon. L'esthétique n'a été inventée que dans les temps modernes, et ce n'est guère que depuis Baumgarten qu'elle a pris une forme scientifique.

En véritable Allemand, avec un grand souci de l'exactitude extérieure et de la symétrie, accompagné d'un absolu dédain de l'observation des faits, ce pédant a combiné et exposé son extraordinaire théorie. Et, en dépit de son absurdité manifeste, cette théorie s'est aussitôt répandue parmi le troupeau des hommes cultivés, au point qu'aujourd'hui encore savants et ignorants la répètent, comme un principe indubitable et d'une évidence absolue.

Habent sua fata libelli pro capite lectoris; mais plus justement encore les théories *habent sua fata* suivant le degré d'erreur où se trouve plongée la société parmi laquelle sont inventées ces théories. Si une théorie justifie la fausse position dans laquelle vit une certaine partie d'une société, cette théorie a beau manquer de fondement, ou même être manifestement fausse : elle est admise comme un article de foi par cette partie de la société. C'est ce qui est arrivé, par exemple, à la théorie célèbre, et absurde, de Malthus, soutenant que la population du monde s'accroissait en proportion géométrique, tandis que les moyens de subsistance s'accroissaient seulement en progression arithmé-

tique, ce qui devait avoir pour conséquence la sur-
population du monde. C'est ce qui est arrivé, aussi,
à la théorie (dérivée de celle de Malthus) qui
voyait dans la sélection et la lutte pour la vie la
base du progrès humain. Et c'est encore ce qui
arrive à la théorie de Marx, qui prétend nous représenter comme fatale et inévitable la destruction
graduelle de la petite industrie privée par la grande
industrie capitaliste. Ces théories ont beau manquer
de tout fondement, elles ont beau contredire toutes les certitudes et toutes les croyances de l'humanité, elles ont beau être d'une immoralité stupide
et révoltante, elles sont admises docilement, transmises sans contrôle, et parfois pendant des siècles,
jusqu'à ce qu'aient disparu les conditions sociales qu'elles servaient à justifier. A cette classe appartient l'extraordinaire théorie de Baumgarten,
qui fait de la bonté, de la vérité, et de la beauté
trois manifestions d'un Être unique et parfait.

En vain on chercherait l'ombre d'un argument
pour appuyer cette théorie. La bonté, en effet, est
la conception fondamentale qui forme l'essence
de notre conscience : c'est une conception que la
raison ne saurait définir, que rien ne saurait définir, mais qui sert elle-même à définir tout le

reste; c'est la fin suprême, éternelle, de notre vie. La bonté, c'est la même chose que ce que nous appelons Dieu. En cela Baumgart en a raison. Mais la beauté, si nous voulons ne plus nous payer de mots, et parler seulement de ce que nous entendons, la beauté n'est rien que ce qui nous fait plaisir; et, par suite, la notion de beauté non seulement ne coïncide pas avec celle de bonté, mais lui est plutôt contraire, car la bonté coïncide le plus souvent avec une victoire sur les passions, tandis que la beauté est à la racine de toutes nos passions. Et je sais bien qu'on parle toujours d'une beauté morale ou spirituelle; mais c'est là simplement jouer sur les mots, car cette beauté morale ou spirituelle ne désigne rien d'autre que la seule bonté.

Quant à ce que nous appelons la vérité, c'est simplement la concordance de la définition d'un objet, ou de son explication, soit avec la réalité ou avec une conception de cet objet commune à tous les esprits; et, par conséquent, on peut dire que la vérité est un des moyens de produire la bonté; mais loin de se confondre avec la beauté, il lui arrive souvent de ne pas coïncider avec elle. Socrate et Pascal, par exemple, et d'autres sages encore, estimaient que de connaître la vérité sur

des objets inutiles n'était nullement d'accord avec
la bonté, et qu'il y avait même des vérités mal-
faisantes, c'est-à-dire mauvaises. Avec la beauté,
d'autre part, la vérité n'a pas le moindre rapport,
et le plus souvent même elle est en contradiction
avec elle, car la vérité a pour effet général de produire la déception, et de détruire l'illusion, qui
est l'une des conditions principales de la beauté.
N'est-il pas stupéfiant que la réunion arbitraire, en
un seul tout, de trois notions aussi étrangères l'une
à l'autre, ait pu servir de base à la théorie au nom
de laquelle une des manifestations les plus basses
de l'art a pu passer pour l'art le plus haut : la manifestation de l'art qui a pour seul objet le plaisir,
celle contre laquelle tous les éducateurs de l'humanité ont mis les hommes en garde ? Et personne ne
proteste contre de telles absurdités ! Les savants
écrivent de longs ouvrages incompréhensibles où
ils font de la beauté un des termes d'une trinité
esthétique ! Ces mots, le Beau, le Vrai, le Bien,
sont répétés, avec des majuscules, par les philo-
sophes et les artistes, par les poètes et les critiques, qui tous s'imaginent, en les prononçant,
dire quelque chose de solide et de défini, pouvant
servir de base à leurs opinions ! Et la vérité est

que non seulement ces mots n'ont pas de sens défini, mais qu'ils empêchent d'attacher un sens défini à aucun art, n'ayant été créés que pour justifier la fausse importance attribuée à la forme la plus basse de l'art : celle qui a pour unique objet de nous procurer du plaisir.

CHAPITRE VII

L'ART DE L'ÉLITE

Mais si l'art est une activité ayant pour but de transmettre d'homme à homme les sentiments les plus hauts et les meilleurs de l'âme humaine, comment se fait-il que l'humanité, durant toute la période moderne, se soit passée de cette activité et y ait substitué une activité artistique inférieure, sans autre but que le plaisir?

Pour répondre à cette question, il faut d'abord détruire l'erreur que l'on commet couramment en attribuant à notre art la valeur d'un art universel. Nous sommes si accoutumés à considérer ingénûment la race dont nous faisons partie comme la meilleure de toutes, qu'en parlant de notre art nous avons l'absolue conviction non-seulement qu'il est vrai, mais encore qu'il est le meilleur, le plus vrai de tous. La réalité est au contraire que, loin d'être le seul art, notre art ne s'adresse qu'à une portion infime de nos races civilisées. On peut parler d'un art national Juif, Grec, Égyptien, encore Chinois ou Indien. Un tel art, commun à une nation entière, a aussi existé en Russie jusqu'à Pierre le Grand, et dans le reste de l'Europe jusqu'au XIIIe ou XIVe siècle. Mais depuis que les classes supérieures de la Société, ayant perdu la foi dans la doctrine de l'Église, sont restées sans aucune foi, il n'y a plus eu rien qui pût être appelé un art européen ou national. Depuis que les classes supérieures des nations chrétiennes ont perdu leur foi dans les doctrines de l'Église, l'art de ces classes s'est séparé de celui du reste du peuple, et il y a eu deux arts : celui du peuple et celui des délicats. Et il en résulte qu'à la question de savoir comment l'humanité a pu, durant les temps modernes, vivre sans art véritable, à cette question la réponse est que ce n'est pas du tout l'humanité entière, ni une partie considérable de cette humanité qui a vécu sans art véritable, mais que ce sont seulement les classes supérieures de notre société européenne et chrétienne.

Et la conséquence de cette absence d'art véritable s'est d'ailleurs assez montrée, dans la cor-

ruption des classes qui s'en sont trouvées dépour-
vues. Toutes les théories confuses et incompréhensibles sur l'art, tous les jugements faux et
contradictoires sur les œuvres d'art, et en particulier la persistance de notre art à s'embourber
dans sa mauvaise voie, tout cela est la suite de
cette affirmation communément admise, malgré
son absurdité : que l'art de nos classes supérieures
est l'art tout entier, le vrai art, le seul art, l'art
universel. Nous affirmons que l'art que nous pos-
sédons est le seul réel, et cependant les deux tiers
de la race humaine vivent et meurent sans se
douter de cet art unique et suprême. Et, même
dans notre société chrétienne, c'est à peine s'il y
a un homme sur cent qui en fasse usage; les
quatre-vingt-dix-neuf autres vivent et meurent, de
génération en génération, écrasés par la tâche, sans
jamais goûter à notre art, qui est d'ailleurs d'une
telle nature que, s'ils y goûtaient, ils seraient hors
d'état d'y rien comprendre. On répondra à cela
que, si tout le monde à l'heure actuelle ne fait
pas usage de l'art existant, la faute n'en est pas
dans l'art lui-même, mais dans la fausse organisation de notre société, et qu'on peut imaginer,
pour l'avenir, un état de choses où le travail phy-

sique sera en partie remplacé par les machines, en partie allégé par une distribution plus équitable. A ce moment il n'y aura plus d'hommes forcés de passer leur vie à se tenir derrière la scène pour faire mouvoir les décors, ou à jouer du cornet à piston dans l'orchestre, ou à imprimer des livres ; les hommes qui feront tout cela n'y travailleront que quelques heures par jour, et pourront, dans leurs loisirs, jouir à leur aise des bénédictions de l'art.

Voilà ce que disent volontiers les défenseurs de l'art d'à présent. Mais je suis convaincu qu'ils ne croient pas eux-mêmes ce qu'ils disent. Ils ne peuvent pas ne pas savoir que l'art tel qu'ils l'entendent a pour condition nécessaire l'oppression des masses, et ne saurait durer que par le maintien de cette oppression. Il est indispensable que des masses d'ouvriers s'épuisent au travail pour que nos artistes, écrivains, musiciens, danseurs, et peintres arrivent au degré de perfection qui leur permet de nous faire plaisir. Affranchissez les esclaves du capital, et ce sera chose aussi impossible de produire un tel art que c'en est une aujourd'hui d'admettre à en jouir ces mêmes esclaves.

Mais à supposer même que cette impossibilité

soit possible, et qu'on trouve un moyen pour mettre l'art, tel qu'on l'entend, à la disposition du peuple, une autre considération se présente pour prouver que cet art ne saurait être universel : à savoir qu'il est absolument inintelligible pour le peuple. Jadis des poètes écrivaient en latin ; mais à présent les productions artistiques de nos poètes sont aussi inintelligibles au commun des hommes que si elles étaient écrites en sanscrit.

Répondra-t-on que la faute en est au manque de culture et de développement du commun des hommes, et que notre art pourra être compris de tous le jour où tous auront reçu une éducation suffisante? C'est encore là une réponse insensée, car nous voyons que de tout temps l'art des classes supérieures n'a été qu'un simple passe-temps pour ces classes elles-mêmes, sans que le reste de l'humanité y ait rien compris. Les classes inférieures ont eu beau se civiliser : l'art qui, à l'origine, n'a pas été fait pour eux leur est toujours resté inaccessible. Il leur est et leur sera toujours étranger de par sa nature même, puisqu'il exprime et transmet des sentiments propres à une certaine classe, et étrangers au reste des hommes.

C'est ainsi que, par exemple, des sentiments

comme l'honneur, le patriotisme, la galanterie et la sensualité, qui forment le sujet principal de l'art d'à présent, ne peuvent provoquer chez l'homme du peuple que l'étonnement et le mépris, ou l'indignation. Si même la possibilité est donnée aux classes travailleuses de voir, de lire, et d'entendre, dans leurs heures de liberté, tout ce qui forme la fleur de l'art contemporain (et cette possibilité leur est donnée, en une certaine mesure, dans les villes, par le moyen des musées, des concerts populaires, et des bibliothèques), l'homme de ces classes, pour peu qu'il ne soit pas perverti et qu'il garde en lui l'esprit de sa condition, sera absolument incapable de tirer aucun profit de notre art, et n'y comprendra rien; ou que si, par hasard, il y comprend quelque chose, ce qu'il y comprendra n'aura point pour effet d'élever son âme, mais plutôt de la pervertir. Pour l'homme qui réfléchit et qui est sincère, c'est une chose indubitable que l'art des classes supérieures ne saurait jamais devenir l'art de la nation entière. Et cependant, si l'art est une chose importante, si l'art a l'importance qu'on lui attribue, s'il est égal en importance à la religion, comme ses dévots aiment à le dire, il devrait être, en ce cas, accessible à tous. Et puisque l'art d'aujourd'hui n'est pas accessible à tous, c'est donc qu'ou bien l'art n'a pas l'importance qu'on lui attribue, ou que ce qu'on appelle aujourd'hui l'art n'est pas l'art véritable.

Le dilemme est fatal ; et c'est pour cela que des hommes intelligents et immoraux tentent d'y échapper en niant, formellement, que le commun du peuple ait aucun droit à l'art. Ces hommes proclament, avec une impudence parfaite, que seuls sont admis à participer aux jouissances de l'art les « beaux-esprits », « l'élite » ou encore les « sur-hommes », pour employer l'expression de Nietzsche ; et le reste des hommes, vil troupeau, incapable de goûter ces jouissances, doit se contenter de mettre ces êtres supérieurs à même d'en jouir. Du moins cette affirmation a-t-elle l'avantage de ne pas chercher à concilier l'inconciliable, et d'admettre ouvertement que notre art n'est fait que pour une classe de privilégiés. Il n'est, en effet, rien d'autre ; et c'est ce que comprennent, au fond, tous ceux qui le pratiquent ; et cela ne les empêche pas de déclarer avec assurance que cet art des classes privilégiées est le plus vrai de tous, le seul vrai, le seul que l'humanité doive reconnaître.

CHAPITRE VIII

LES CONSÉQUENCES DE LA PERVERSION DE L'ART : L'APPAUVRISSEMENT DE LA MATIÈRE ARTISTIQUE

Le manque de foi des classes supérieures a produit ce résultat : qu'au lieu d'un art tendant à transmettre les plus hauts sentiments de l'humanité, c'est-à-dire ceux qui découlent d'une conception religieuse de la vie, nous avons eu un art ne tendant qu'à procurer la plus grande somme de plaisir à une certaine classe de la société. Et de tout l'immense domaine de l'art, seule cette partie a été cultivée qui procure du plaisir à cette classe privilégiée.

Et pour ne rien dire des effets moraux qu'a eus sur la société européenne une telle perversion de la notion de l'art, cette perversion a encore affaibli l'art lui-même, et l'a, pour ainsi dire, détruit. Elle a eu pour premier résultat que l'art, en faisant du plaisir son seul objet, s'est privé de la source de sujets infiniment variée et profonde que pouvaient être, pour lui, les conceptions religieuses de la vie. Et son second résultat a été que, ne s'adressant qu'à un petit cercle, l'art a perdu la beauté de sa forme, est devenu affecté et obscur. Et son troisième et principal résultat a été que l'art a cessé d'être spontané, ou même sincère, pour devenir absolument apprêté et artificiel.

Le premier de ces trois résultats, l'appauvrissement des sources d'inspiration, s'est produit fatalement aussitôt que l'art s'est détaché des notions religieuses. Le mérite des sujets, dans toute œuvre d'art, dépend de leur nouveauté. Une œuvre d'art n'a de prix que si elle transmet à l'humanité des sentiments nouveaux. De même que, dans l'ordre de la pensée, une pensée n'a de valeur que quand elle est nouvelle et ne se borne pas à répéter ce que l'on sait déjà, de même une œuvre d'art n'a de valeur que quand elle verse dans le courant de la vie humaine un sentiment nouveau, grand ou petit. Or l'art s'est privé de la source d'où pouvaient découler ces sentiments nouveaux, le jour où il a commencé à estimer les sentiments non plus d'après la conception religieuse qu'ils expriment, mais d'après le degré de plaisir qu'ils procurent. Il n'y a rien en effet de plus invariable et de plus constant que le plaisir, et il n'y a rien de plus divers que les sentiments qui dérivent de la conscience religieuse des différents âges. Et il n'en saurait être autrement : le plaisir de l'homme a ses limites fixées par la nature, mais le mouvement en avant de l'humanité n'a point de limites. Et à chaque pas en avant que fait l'humanité, les hommes éprouvent des sentiments nouveaux, nous voulons dire à chaque pas du véritable progrès, qui consiste dans un nouveau développement de la conscience religieuse. Aussi est-ce seulement de cette conscience que peuvent jaillir des émotions fraîches, jamais encore éprouvées jusque-là. C'est de la conscience religieuse des anciens Grecs qu'ont découlé les sentiments si nouveaux, si importants, et variés à l'infini, qui se trouvent exprimés dans Homère et dans les grands tragiques. Le cas est le même pour les Juifs, qui sont parvenus à la conception religieuse d'un Dieu unique : c'est de cette conception qu'ont découlé, si neuves et si importantes, les émotions exprimées par les prophètes. Le cas est le même pour les poètes du moyen-âge : il serait le même, encore aujourd'hui, pour l'homme qui reviendrait à la conception religieuse du vrai christianisme.

Infinie est la variété des sentiments nouveaux qui découlent des conceptions religieuses ; et ces sentiments sont toujours nouveaux parce que les conceptions religieuses sont toujours la première indication de ce qui va se réaliser, c'est-à-dire d'une nouvelle relation de l'homme avec le monde qui l'entoure. Mais les sentiments qui découlent de la recherche du plaisir, au contraire, non seulement sont limités, mais ont tous été depuis longtemps éprouvés et exprimés. Et ainsi le manque de foi des classes supérieures a condamné l'art de ces classes à se nourrir d'un aliment le plus maigre et le plus pauvre de tous.

Cet appauvrissement des sources d'inspiration artistique s'est encore trouvé accru par ce fait que, cessant d'être religieux, cet art a cessé aussi d'être populaire, restreignant ainsi la série des sentiments qu'il pouvait transmettre. Car la série des sentiments éprouvés par les puissants et les riches, qui n'ont aucune notion du rôle du travail dans la vie, est beaucoup plus pauvre, plus limitée, et plus insignifiante, que la série des sentiments naturels à l'homme qui travaille. Je sais que, dans nos cercles de délicats, c'est précisément le contraire qui est l'opinion courante. Je me rappelle comment Gontcharof, le romancier, un homme très instruit et très intelligent, mais un pur citadin, me disait un jour que, après Tourguenef, rien ne restait plus à écrire sur la vie des classes inférieures. C'était, pour lui, une matière épuisée. La vie des travailleurs lui paraissait une chose si misérable que les histoires de paysans de Tourguenef en avaient dit tout ce qu'il y en avait à dire. La vie des riches, au contraire, avec leur galanterie et leur mécontentement de tout, lui paraissait une matière à jamais inépuisable. Tel homme du monde donnait à sa dame un baiser sur la main, tel autre sur l'épaule, un troisième sur la nuque. Tel était mécontent à force de ne rien faire, tel autre parce qu'il sentait qu'on ne l'aimait pas. Et Gontcharof avait la conviction que cette sphère offrait à l'artiste une variété de sujets infinie. Combien de gens sont aujourd'hui de son avis ! Combien pensent, comme lui, que la vie des gens qui travaillent est pauvre en sujets pour l'artiste, et que notre vie à nous, oisifs, en est au contraire toute remplie ! La vie du travailleur, avec l'infinie variété des formes du travail, et du danger qui les accom-

pagne, les migrations de ce travailleur, ses rapports avec ses patrons, ses surveillants, et ses compagnons, avec les hommes d'autres religions et
d'autres nationalités, ses luttes avec la nature et
le monde animal, ses occupations dans la forêt,
dans la steppe, dans les champs, dans les jardins,
ses relations avec sa femme et ses enfants, ses
plaisirs et ses peines, tout cela, pour nous qui igno-
rons ces diverses émotions et qui n'avons plus
aucune conception religieuse, tout cela nous semble monotone en comparaison des petites joies et
des mesquins soucis de notre vie, une vie non
de travail et de production, mais de consomma-
tion, de destruction de ce que d'autres ont produit pour nous. Nous nous imaginons que les sentiments éprouvés par les personnes de notre temps
et de notre classe sont très importants et très variés ; mais en réalité c'est le contraire qui est vrai,
et l'on peut même dire que tous les sentiments de
notre classe se réduisent à trois sentiments très
simples et très médiocres : 1º le sentiment de la
vanité, où se rattachent l'ambition et le mépris
d'autrui ; 2º le sentiment du désir sexuel, se ma-
nifestant sous des formes diverses, depuis la galanterie divinisée par les poètes jusqu'à la sen-

sualité la plus grossière et la plus ignoble ; 3° et enfin le sentiment du dégoût de la vie. Ces trois sentiments, avec leurs dérivés, forment à peu près l'unique matière de l'art des classes riches.

D'abord, au début même de la séparation de cet art nouveau, consacré au plaisir, d'avec l'art du peuple, nous voyons prédominer dans l'art nouveau le sentiment de la vanité, de l'ambition, et du mépris d'autrui. A l'époque de la Renaissance, et longtemps encore après, l'objet principal des œuvres d'art est l'éloge des puissants, papes, rois et ducs ; on écrit en leur honneur des odes et des madrigaux, on les exalte dans des cantates et des hymnes ; on peint leur portrait, et on sculpte leur statue.

Plus tard, l'élément du désir sexuel a commencé à pénétrer de plus en plus dans l'art ; il est devenu désormais, à très peu d'exceptions près, un élément essentiel dans tous les produits artistiques des classes riches, et en particulier dans les romans. De Boccace à Marcel Prévost, tous les romans, contes, et poèmes expriment le sentiment de l'amour sexuel sous ses formes diverses. L'adultère est le thème favori, pour ne pas dire l'unique thème de tous les romans. Une représentation théâtrale a pour condition indispensable que, sous un prétexte quelconque, des femmes paraissent sur la scène avec le buste et les membres nus. Les opéras et les chansons, tout est consacré à l'idéalisation de la luxure. La grande majorité des tableaux des peintres français représentent le nu féminin. Dans la nouvelle littérature française, à peine s'il y a une page où n'apparaisse le mot « nu ».

Un certain auteur, nommé Rémy de Gourmont, trouve à s'imprimer, et passe pour avoir du talent : pour me faire une idée des nouveaux écrivains, j'ai lu son roman, *les Chevaux de Diomède*. C'est le compte-rendu suivi et détaillé des relations sexuelles de quelques messieurs avec diverses dames. Même chose pour le roman de Pierre Louys, *Aphrodite*, qui a eu un succès énorme. Ces auteurs sont évidemment convaincus que, de même que leur vie entière se passe à imaginer diverses abominations sexuelles, de même la vie du monde entier doit se passer à en imaginer. Et ces auteurs trouvent des imitateurs sans nombre, parmi tous les artistes d'Europe et d'Amérique.

Le troisième des grands sentiments qu'exprime l'art des riches, celui du mécontentement universel, a fait son apparition plus tard encore que les deux autres. Ce sentiment n'a pris toute son importance qu'au début de notre siècle; il a trouvé ses représentants les plus forts en Byron et Léopardi, puis en Heine. Aujourd'hui, il est devenu général; et on le trouve constamment exprimé dans les diverses œuvres d'art, mais en particulier dans les poèmes. Les hommes vivent d'une vie stupide et mauvaise, et en rejettent le blâme sur l'organisation de l'univers. Voici d'ailleurs comment, avec grande justesse, le critique français Doumic caractérise les œuvres des écrivains nouveaux : « C'est la lassitude de vivre, le mépris de l'époque présente, le regret d'un autre temps aperçu à travers l'illusion de l'art, le goût du paradoxe, le besoin de se singulariser, une aspiration de raffinés vers la simplicité, l'adoration enfantine du merveilleux, la séduction maladive de la rêverie, l'ébranlement des nerfs, — surtout l'appel exaspéré de la sensualité. »

Ainsi le manque de foi des classes riches et la vie d'exception qu'elles mènent ont eu pour première conséquence d'appauvrir la matière de l'art de ces classes, qui s'est abaissé jusqu'à ne plus exprimer que les trois sentiments de la vanité, du désir sexuel, et du dégoût de la vie.

CHAPITRE IX

LES CONSÉQUENCES DE LA PERVERSION DE L'ART :
LA RECHERCHE DE L'OBSCURITÉ

Le premier résultat de la perte de foi des classes supérieures a été, pour l'art de ces classes, l'appauvrissement de leur matière. Mais par un second résultat, en devenant sans cesse plus exclusif, cet art devenait en même temps sans cesse plus artificiel, plus embarrassé, et plus obscur.

Quand un artiste, dans les époques où l'art était universel, composait un ouvrage, — comme par exemple un sculpteur grec ou un prophète juif, — il s'efforçait naturellement de dire ce qu'il avait à dire d'une telle façon que son œuvre pût être intelligible à tous. Mais quand l'artiste n'a plus travaillé que pour un petit cercle de gens placés dans une condition exceptionnelle, pour des papes, des cardinaux, des rois, des ducs, ou simplement pour la maîtresse d'un prince, il ne

7

s'est plus efforcé, naturellement, que d'agir sur ces gens, dont il connaissait bien les mœurs et les goûts. C'était là une tâche infiniment plus facile; et ainsi l'artiste se trouvait involontairement amené à s'exprimer en des allusions, compréhensibles seulement pour les initiés, et obscures pour le reste des hommes. Il pouvait, d'abord, de cette façon dire plus de choses; et puis il y a même, pour l'initié, un certain charme dans le vague et le nuageux d'un tel mode d'expression. Cette tendance, — qui se traduisait par des allusions mythologiques et historiques, et aussi par ce qu'on a appelé l'euphémisme, — elle n'a pas cessé au fond de devenir de plus en plus en honneur jusqu'à l'époque présente, où elle paraît avoir atteint ses limites extrêmes dans l'art de nos modernes décadents. Elle a abouti, en fin de compte, à ceci : que non seulement l'affectation, la confusion, l'obscurité, l'inaccessibilité à la masse, ont été élevées au rang de qualités, — et même de conditions de poésie, — dans les œuvres d'art, mais que l'incorrect, l'indéfini, l'inéloquent eux-mêmes sont en train d'être admis comme des vertus artistiques.

Théophile Gautier, dans sa préface des fameuses *Fleurs du mal*, dit que Baudelaire, autant que

possible, bannissait de la poésie « l'éloquence, la
passion, et la vérité calquée trop exactement ».
Le poète Verlaine, qui est venu après Baudelaire,
et qui a été, lui aussi, estimé grand, a laissé un *Art
Poétique* où il recommande d'écrire voici comment :

> De la musique avant toute chose,
> Et, pour cela, préfère l'Impair,
> Plus vague et plus soluble dans l'air,
> Sans rien en lui qui pèse ou qui pose.
>
> Il faut aussi que tu n'ailles point
> Choisir tes mots sans quelque méprise,
> Rien de plus cher que la chanson grise ;
> Où l'Indécis au Précis se joint.
>
> .　.　.　.　.　.　.　.　.　.　.　.

Et, plus loin :

> De la musique encor et toujours !
> Que ton vers soit la chose envolée
> Qu'on sent qui fuit d'une âme en allée
> Vers d'autres cieux à d'autres amours !
>
> Que ton vers soit la bonne aventure
> Éparse au vent crispé du matin,
> Qui va fleurant la menthe et le thym...
> Et tout le reste est littérature.

Le poète qui, après les deux précédents, est
tenu par les jeunes gens pour le plus considérable, Mallarmé, déclare ouvertement que le

charme de la poésie consiste en ce qu'on ait à en deviner le sens, tout poème devant toujours contenir une énigme :

Je pense qu'il faut qu'il n'y ait qu'allusion. La contemplations des objets, l'image s'envolant des rêveries suscitées par eux, sont le chant. Les Parnassiens, eux, prennent la chose entièrement et la montrent ; par là, ils manquent de mystère ; ils retirent aux esprits cette joie délicieuse de croire qu'ils créent. Nommer un objet, c'est supprimer les trois quarts de la jouissance du poème, qui est faite du bonheur de deviner peu à peu ; le suggérer, voilà le rêve. C'est le parfait usage de ce mystère qui constitue le symbole : évoquer peu à peu un objet pour montrer un état d'âme, ou, inversement, choisir un objet et en dégager un état d'âme, par une série de déchiffrements... Si un être d'une intelligence moyenne, et d'une préparation littéraire insuffisante, ouvre par hasard un livre ainsi fait, et prétend en jouir, il y a malentendu, il faut remettre les choses à leur place. Il doit y avoir toujours énigme en poésie; et c'est le but de la littérature, il n'y en pas d'autre, d'évoquer les objets. (Réponse de MALLARMÉ à J. HURET, dans l'*Enquête sur l'évolution littéraire*.)

C'est bien, comme on le voit, l'obscurité érigée en dogme artistique. Et le critique français Doumic, qui n'a pas encore admis ce dogme, a bien raison de dire « qu'il serait temps aussi d'en finir avec cette fameuse théorie de l'obscurité, que la nouvelle école a élevée, en effet, à la hauteur d'un dogme ».

Encore les jeunes auteurs français ne sont-ils pas seuls à penser de la sorte. Dans tous les autres pays, les poètes pensent et agissent de même : en Allemagne, en Scandinavie, en Italie, en Russie, en Angleterre. Et l'on retrouve les mêmes principes chez les artistes des autres branches de l'art, les peintres, les sculpteurs, les musiciens. S'appuyant sur les théories de Niestzsche et sur l'exemple de Wagner, les artistes des nouvelles générations estiment qu'il est inutile pour eux d'être intelligibles à la foule : il leur suffit d'évoquer l'émotion poétique chez une élite de raffinés.

Et pour qu'on ne croie pas que ce que je dis soit une affirmation hasardée, je vais citer quelques passages des poètes français qui ont dirigé le mouvement décadent. Le nom de ces poètes est légion. Et si je ne cite que des Français, c'est parce que ce sont eux qui sont à la tête du nouveau mouvement artistique, tandis que le reste de l'Europe se borne à les imiter.

En outre de ceux qui sont déjà considérés comme célèbres, tels que Baudelaire et Verlaine, voici les noms de quelques-uns d'entre eux : Jean Moréas, Charles Morice, Henri de Régnier, Charles Vignier, Adrien Remacle, René Ghil, Maurice Maeterlinck, Rémy de Gourmont, Saint-Pol-Roux-le-Magnifique, Georges Rodenbach, le comte Robert de Montesquiou-Fezenzac. Ceux-là sont les *symbolistes* et les *décadents* ; mais il y a aussi les *mages* : le Sâr Peladan, Paul Adam, Jules Bois, Papus, et autres. Et, outre cela, vous pourrez en lire encore cent quarante et un autres, que Doumic mentionne dans son livre *Les Jeunes*.

Voici donc quelques exemples de la manière de ceux d'entre eux qui passent pour les meilleurs, à commencer par ce fameux Baudelaire, qui a été jugé digne de l'honneur d'une statue. Écoutez ce poème de ses *Fleurs du Mal* :

> Je t'adore à l'égal de la voûte nocturne,
> O vase de tristesse, ô grande taciturne,
> Et t'aime d'autant plus, belle, que tu me fuis,
> Et que tu me parais, ornement de mes nuits,
> Plus ironiquement accumuler les lieues
> Qui séparent mes bras des immensités bleues.
>
> Je m'avance à l'attaque, et je grimpe aux assauts,
> Comme après un cadavre un chœur de vermisseaux,
> Et je chéris, ô bête implacable et cruelle,
> Jusqu'à cette froideur par où tu m'es plus belle !

Voici encore un sonnet du même auteur :

DUELLUM

Deux guerriers ont couru l'un sur l'autre ; leurs armes
Ont éclaboussé l'air de lueurs et de sang.
Ces jeux, ces cliquetis du fer, sont les vacarmes
D'une jeunesse en proie à l'amour vagissant.

Les glaives sont brisés ! comme notre jeunesse,
Ma chère ! Mais les dents, les ongles acérés
Vengent bientôt l'épée et la dague traîtresse;
O fureur des cœurs mûrs par l'amour ulcérés !

Dans le ravin hanté des chats-pards et des onces
Nos héros, s'étreignant méchamment, ont roulé,
Et leur peau fleurira l'aridité des ronces.

Ce gouffre, c'est l'enfer, de nos amis peuplé !
Roulons-y sans remords, amazone inhumaine,
Afin d'éterniser l'ardeur de notre haine !

Je dois ajouter, pour être exact, que le recueil des *Fleurs du Mal* contient des poèmes moins difficiles à comprendre; mais il n'y en a pas un seul qui soit assez simple pour pouvoir être compris sans un certain effort; et cet effort n'est guère récompensé, à l'ordinaire, car les sentiments exprimés par le poète ne sont pas beaux, et appartiennent en général à un ordre assez bas.

On sent toujours, en outre, que l'auteur est préoccupé de paraître excentrique et obscur. Et cette recherche de l'obscurité se fait encore plus remarquer dans sa prose, où il lui serait toujours facile de parler clairement, s'il le voulait. Voici, par exemple, la première pièce de ses *Petits poëmes en prose :*

L'ÉTRANGER

Qui aimes-tu le mieux, homme énigmatique, dis? ton père, ta mère, ta sœur, ou ton frère ?

Je n'ai ni père, ni mère, ni sœur, ni frère.

Tes amis ?

Vous vous servez là d'une parole dont le sens m'est resté jusqu'à ce jour inconnu.

Ta patrie ?

J'ignore sous quelle latitude elle est située.

La beauté ?

Je l'aimerais volontiers, déesse et immortelle.

L'or ?

Je le hais comme vous haïssez Dieu.

Et qu'aimes-tu donc, extraordinaire étranger ?

J'aime les nuages... les nuages qui passent... là-bas,... les merveilleux nuages !

La pièce intitulée *la Soupe et les Nuages* a, suivant toute apparence, pour objet de montrer que le poète reste incompréhensible même pour la femme qu'il aime. Voici cette pièce :

Ma petite folle bien-aimée me donnait à dîner, et par la fenêtre ouverte de la salle à manger je contemplais les mouvantes architectures que Dieu fait avec les vapeurs, les merveilleuses constructions de l'impalpable. Et je me disais, à travers ma contemplation : « Toutes ces fantasmagories sont presque aussi belles que les yeux de ma belle bien-aimée, la petite folle monstrueuse aux yeux verts. »

Et tout à coup je reçus un violent coup de poing dans le dos, et j'entendis une voix rauque et charmante, une voix hystérique et comme enrouée par l'eau-de-vie, la voix de ma chère petite bien-aimée, qui me disait : « Allez-vous bientôt manger votre soupe, s.... b.... de marchand de nuages ? »

Les productions poétiques de l'autre « grand poète », Verlaine, ne sont pas moins affectées et incompréhensibles. Voici, par exemple, la première pièce du recueil *Ariettes oubliées* :

> C'est l'extase langoureuse,
> C'est la fatigue amoureuse,
> C'est tous les frissons des bois
> Parmi l'étreinte des brises,
> C'est, vers les ramures grises,
> Le chœur des petites voix.
>
> O le frêle et frais murmure !
> Cela gazouille et susurre,
> Cela ressemble au cri doux
> Que l'herbe agitée expire....
> Tu dirais, sous l'eau qui vire,
> Le roulis sourd des cailloux.
>
> Cette âme qui se lamente
> En cette plainte dormante
> C'est la nôtre, n'est-ce pas ?
> La mienne, dis, et la tienne,
> Dont s'exhale l'humble antienne
> Par ce tiède soir, tout bas ?

Ce que c'est que ce « chœur des petites voix »,
et quel est le « cri doux que l'herbe agitée
expire », et ce que tout ce poème signifie, j'avoue
que je ne suis point parvenu à le comprendre.
Voici encore une autre *ariette* :

Dans l'interminable
Ennui de la plaine,
La neige incertaine
Luit comme du sable.

Le ciel est de cuivre,
Sans lueur aucune
On croirait voir vivre
Et mourir la lune.

Comme des nuées,
Flottent gris les chênes
Des forêts prochaines
Parmi les buées.

Le ciel est de cuivre,
Sans lueur aucune.
On croirait voir vivre
Et mourir la lune.

Corneille poussive
Et vous, les loups maigres,
Par ces bises aigres
Quoi donc vous arrive?

Dans l'interminable
Ennui de la plaine,

> La neige incertaine
> Luit comme du sable.

Comment la lune peut-elle paraître vivre et mourir dans un « ciel de cuivre, sans lueur aucune » ? Et comment la neige peut-elle « luire comme du sable » ? Tout cela n'est pas seulement incompréhensible ; sous prétexte de nous suggérer une impression, ce n'est qu'un tissu de métaphores incorrectes et de mots vides de sens.

Chez Verlaine comme chez Baudelaire, d'ailleurs, à côté de ces poèmes affectés et incompréhensibles, il y en a d'autres que l'on comprend sans peine ; mais ceux-là, en revanche, me paraissent aussi misérables de fonds que de forme. Tels les poèmes qui constituent le recueil intitulé *Sagesse*. Ils sont consacrés, surtout, à une expression tout à fait médiocre des plus vulgaires sentiments catholiques et patriotiques. On y trouve par exemple des strophes comme celle-ci :

> Je ne veux plus penser qu'à ma mère Marie,
> Siège de la sagesse et source de pardons,
> Mère de France aussi, de qui nous attendons
> Inébranlablement l'honneur de la patrie.

Avant de citer des exemples des autres poètes, je ne puis m'empêcher d'insister sur la gloire extraordinaire de ces deux hommes, Baudelaire et Verlaine, reconnus aujourd'hui, dans l'Europe entière, comme les plus grands génies de la poésie moderne. Comment les Français, qui ont possédé Chénier, Lamartine, Musset, et surtout Hugo, qui ont eu tout récemment encore les Parnassiens, Lecomte de Lisle, Sully-Prudhomme, etc., comment ont-ils pu attribuer une aussi énorme importance et décerner une gloire aussi haute à ces deux poètes, si imparfaits dans la forme, et si vulgaires et si bas dans le fonds de leurs sujets ? La conception que se faisait de la vie le premier des deux, Baudelaire, consistait à ériger en théorie le plus grossier égoïsme et à remplacer la moralité par un idéal, d'ailleurs assez nuageux, de la beauté, et d'une beauté toute artificielle. Baudelaire faisait profession de préférer un visage de femme peint au même visage avec son teint naturel ; des arbres en métal, et l'imitation de l'eau sur la scène lui plaisaient davantage que de vrais arbres et de l'eau véritable. La philosophie de l'autre poète, Verlaine, consistait dans la plus vile débauche, la confession de son impuissance morale, et, comme antidote contre cette impuissance, l'idolâtrie catholique la plus grossière. Et d'ailleurs tous les deux avaient cela de commun que non seulement ils manquaient tout à fait de naïveté, de sincérité, et de simplicité, mais qu'en outre ils étaient remplis d'affectation, de contentement de soi, et de recherche de l'excentricité. Dans leurs meilleures productions, on retrouve toujours plutôt M. Baudelaire ou M. Verlaine que l'objet dont ils sont censés s'occuper. Et ces deux mauvais poètes ont fondé une école, et traînent à leur suite des centaines d'imitateurs. Cela est, en vérité, étrange : et la seule explication que j'y voie est celle-ci ; c'est que l'art de la société où se produisent les œuvres de ces poètes n'est pas une chose sérieuse, importante pour la vie, mais un simple amusement. Or tout amusement finit par ennuyer, à force de se répéter. Et ainsi, pour rendre de nouveau supportable un amusement dont on est fatigué, il est nécessaire que l'on trouve quelque moyen de le rafraîchir. Quand on a assez du boston, on imagine de jouer au whist; quand on a assez du whist, on essaie de la *préférence;* quand on a assez de la *préférence*, on tâte de l'écarté, etc. Le fond de l'occupation reste le même : seules les formes changent. Et il en va de même dans cet art : sa matière, à force de se limiter de plus en plus, s'est rétrécie à tel point qu'il semble désormais aux artistes des classes supérieures que tout a été déjà dit, et qu'il est impossible de rien trouver à dire de nouveau. De là vient que, pour rafraîchir leur art, ils cherchent sans cesse des formes nouvelles.

Baudelaire et Verlaine ont inventé des formes nouvelles, les ont assaisonnées, en outre, de détails pornographiques dont personne avant eux n'avait daigné faire usage : il n'en a pas fallu plus pour les faire saluer comme de grands écrivains par les critiques et le public des classes supérieures.

Telle est la seule explication du succès, non seulement de Baudelaire et de Verlaine, mais de toute l'école décadente. Il y a en particulier des poèmes de Mallarmé et de Maeterlinck qui ne présentent, à la lecture, aucun sens, et qui, malgré cela, ou peut-être à cause de cela, non seulement sont imprimés dans des dizaines d'éditions différentes, mais se trouvent encore recueillis dans les anthologies des meilleures productions des jeunes poètes. Voici, par exemple, un sonnet de Mallarmé :

> A la nue accablante tu,
> Basse de basalte et de laves,

A même les échos esclaves,
Par une trompe sans vertu,

Quel sépulcral naufrage (tu
Le sais, écume, mais y baves),
Suprême une entre les épaves,
Abolit le mât dévêtu ;

Ou cela que furibond faute
De quelque perdition haute
Tout l'abîme vain éployé

Dans le si blanc cheveu qui traîne
Avarement aura noyé
Le flanc enfant d'une sirène.

Et voici une chanson de Maeterlinck, un autre
écrivain célèbre d'aujourd'hui :

« Quand il est sorti
(J'entendis la porte)
Quand il est sorti
Elle avait souri...

« Mais quand il entra
(J'entendis la lampe)
Mais quand il entra
Un autre était là...

« Et j'ai vu la mort
(J'entendis son âme)
Et j'ai vu la mort
Qui l'attend encore...

« On est venu dire
(Mon enfant, j'ai peur)

On est venu dire
Qu'il allait partir...

« Ma lampe allumée
(Mon enfant, j'ai peur
Ma lampe allumée
Me suis approchée...

« A la première porte
(Mon enfant, j'ai peur)
A la première porte
La flamme a tremblé...

« A la seconde porte
(Mon enfant, j'ai peur).
A la seconde porte
La flamme a parlé...

« A la troisième porte
(Mon enfant, j'ai peur)
A la troisième porte
La lumière est morte...

« Et s'il venait un jour
Que faut-il lui dire?
— Dites-lui qu'on l'attendit
Jusqu'à s'en mourir...

« Et s'il demande où vous êtes
Que faut-il répondre?
— Donnez-lui mon anneau d'or
Sans rien lui répondre...

« Et s'il m'interroge alors
Sur la dernière heure?
Dites-lui que j'ai souri
De peur qu'il ne pleure...

« Et s'il m'interroge encore
Sans me reconnaître?
— Parlez-lui comme une sœur,
Il souffre peut-être...

« Et s'il veut savoir pourquoi
La salle est déserte?
— Montrez-lui la lampe éteinte
Et la porte ouverte ..

Qui « est sorti » ? Qui « entra » ? Qui parle ? Qui « a souri » ?

Et il y a en France des centaines de poètes qui produisent des œuvres du même genre. Et des œuvres du même genre s'impriment en Allemagne, en Suède, en Italie, et chez nous en Russie. Et de ces œuvres, il s'en imprime et se publie des milliers d'exemplaires. Et pour la composition, la mise en pages, l'impression et la reliure d'œuvres de cette espèce, des millions et des millions de jours de travail sont dépensés : autant au moins qu'il en a fallu pour élever la grande Pyramide.

Et ce n'est pas tout. La même chose se produit dans tous les autres arts, en peinture, en musique au théâtre : des millions et des millions de jours de travail sont employés à faciliter la production d'œuvres également incompréhensibles.

8

La peinture, par exemple, va plus loin encore dans cette voie que la poésie. Voici quelques lignes extraites du carnet de notes d'un amateur de peinture qui se trouvait à Paris en 1814 :

Je suis allé aujourd'hui à trois expositions : celles des symbolistes, des impressionnistes, et des néo-impressionnistes. J'ai regardé tous les tableaux avec beaucoup de soin et de conscience, mais tous m'ont causé la même stupeur. La plus compréhensible des trois expositions m'a paru celle des impressionnistes. Mais j'ai vu là des œuvres d'un certain Camille Pissarro dont le dessin était si indéterminé qu'il m'était impossible de découvrir dans quel sens une tête ou une main étaient tournées. Les sujets étaient, en général, des « effets » : *Effet de brouillard*, *Effet du soir*, *Soleil couchant*. Dans la couleur, le bleu et le vert crûs dominaient. Et chaque tableau avait sa couleur spéciale, dont il était, pour ainsi dire, arrosé. Par exemple, dans *la Gardeuse d'oies*, la couleur spéciale était le vert de-gris, et des taches de cette couleur étaient répandues partout, sur le visage, les cheveux, les mains, le vêtement. Il y avait dans la même galerie d'autres peintures, de Puvis, de Chavannes, Manet, Monet, Renoir, Sisley, tous impressionnistes. Un d'eux, qui avait un nom dans le genre de Redon, avait peint, de profil, un visage tout bleu. J'ai vu aussi une aquarelle de Pissarro toute faite de petites taches de diverses couleurs. Impossible de distinguer la couleur générale, soit qu'on s'éloigne du tableau ou qu'on s'en rapproche.

Je suis allé ensuite voir les symbolistes. Je me suis d'abord efforcé d'examiner leurs œuvres sans demander à personne une explication, voulant comprendre par moi-même ce qu'elles signifiaient : mais ce sont des œuvres qui dépassent la compréhension. Une des premières choses qui aient attiré mes yeux est un haut-relief en bois, exécuté avec une gaucherie invraisemblable, et représentant une femme nue qui, avec ses mains, fait sortir de ses seins des flots de sang. Le sang coule, et devient peu à peu d'une couleur lilas. Les cheveux, d'abord, descendent, puis remontent, et se changent en arbre. La figure est toute coloriée en jaune, sauf les cheveux, qui sont noirs.

A côté, une peinture : une mer jaune, sur laquelle nage quelque chose qui ressemble un peu à un bateau et un peu à un cœur; à l'horizon surgit un profil avec une auréole, et des cheveux jaunes qui se perdent dans la mer. Quelques-uns des peintres exposants mettent sur leur toile une couche de couleur si épaisse que l'effet de leurs œuvres est intermédiaire entre la peinture et la sculpture. Autre tableau, plus étrange encore : un profil d'homme, devant lui une flamme et des rayons noirs, — représentant des sangsues, à ce que l'on m'a dit depuis. Car j'ai fini par demander à une personne qui se trouvait là ce que tout cela signifiait. Elle m'a expliqué que le haut-relief était un symbole, et qu'il représentait la *Terre*. Le cœur qui nage sur la mer jaune, c'est l'*Illusion*, et l'homme aux sangsues, c'est le *Mal*.

Cela se passait en 1894. Depuis, la même tendance n'a fait que s'accentuer. Nous avons aujourd'hui comme grands peintres Bœcklin, Stuck, Klinger, et d'autres semblables.

La même chose a lieu pour le drame. Les auteurs de comédies nous présentent maintenant un architecte qui, pour quelque raison mystérieuse, n'a pas réalisé ses hautes intentions premières, et qui, en conséquence, grimpe sur le toit d'une maison qu'il a construite, et se jette par terre la tête en avant. Une autre fois, c'est une énigmatique vieille femme, ayant pour profession d'exterminer les rats, et qui, sans qu'on devine pourquoi, emmène un petit garçon jusqu'à la mer, et là, le noie. Ou bien encore ce sont des aveugles qui, assis au bord de l'eau, répètent indéfiniment les mêmes paroles. Ou bien encore une cloche qui s'élance dans un lac et se met à sonner.

Et la même chose se produit dans le domaine de la musique, de cet art qu'on aurait cru devoir être, plus que tout autre, intelligible à chacun.

Un musicien de renom s'assied devant vous au piano et vous joue ce qu'il dit être une nouvelle composition, de lui-même ou d'un des musiciens d'à-présent. Vous l'entendez produire des sons étranges et bruyants, vous admirez les exercices de gymnastique accomplis par ses doigts; et vous voyez bien, en outre, qu'il a l'intention de vous faire croire que les sons qu'il produit expriment divers sentiments poétiques de l'âme. Son intention, vous la voyez; mais aucun sentiment ne se transmet à vous que celui d'une fatigue mortelle. L'exécution dure longtemps, ou tout au moins vous paraît durer très longtemps, faute pour vous de recevoir aucune impression nette. Et l'idée vous vient que peut-être tout cela n'est qu'une mystification, que peut-être l'artiste veut vous éprouver, et jette au hasard ses doigts sur les touches, avec l'espoir que vous vous laisserez prendre et qu'il pourra ensuite se moquer de vous. Mais pas du tout. Quand enfin le morceau est fini, et que le musicien, tout agité et trempé de sueur, se lève du piano, sollicitant manifestement vos éloges, vous reconnaissez que tout cela est sérieux. La même chose arrive dans tous les concerts où l'on joue des pièces de Liszt, de Berlioz, de Brahms, de Richard Strauss, et des innombrables compositeurs de la nouvelle école.

Et c'est encore la même chose qui se produit dans un domaine où l'on pourrait croire qu'il doit être difficile d'être inintelligible : dans le domaine des romans et des nouvelles. Lisez *La-Bas*, d'Huysmans, ou quelques-unes des nouvelles de Kipling, ou *l'Annonciateur* de Villiers de l'Isle-Adam : ces ouvrages vous paraîtront non seulement « abscons », pour employer un mot de la nouvelle école, mais à peu près incompréhensibles, tant pour la forme que pour le fonds.

Tel est le cas, aussi, d'un roman d'E. Morel, *Terre Promise*, qui vient de paraître dans la *Revue Blanche*, et de la plupart des nouveaux romans. Le style y est très emphatique, les sentiments paraissent surélevés : mais impossible de découvrir ce qui arrive, où et à qui cela arrive.

Et tel est tout l'art de la jeunesse de notre temps.

Les hommes de la première moitié de notre siècle, admirateurs de Gœthe, de Schiller, de Musset, d'Hugo, de Dickens, de Beethoven, de Chopin, de Raphaël, de Léonard, de Michel-Ange, faute de rien comprendre à cet art nouveau, se bornent volontiers à voir en lui une pure folie, ou une plaisanterie de mauvais goût, et s'en détournent en haussant les épaules. Mais c'est là, à l'endroit de cet art, une attitude tout à fait injuste, parce que, d'abord, cet art est en train de se répandre de plus en plus, et s'est déjà conquis de par le monde une place égale à celle que s'était conquise le romantisme en 1830 ; et puis, et surtout, cette attitude est injuste parce que, si nous condamnons les œuvres du nouvel art décadent simplement parce que nous ne les comprenons pas, il y a une énorme quantité de gens, tous ceux qui travaillent, et même une grande partie des classes supérieures, qui ne comprennent pas davantage les œuvres d'art considérées par nous comme les plus belles de toutes, les poèmes de Gœthe, de Schiller, d'Hugo, les romans de Dickens, la musique de Beethoven et de Chopin, les tableaux des Raphaël et de Léonard, les statues de Michel-Ange, etc.

Et si j'ai le droit de penser que c'est par suite de l'insuffisance de son développement intellectuel que la grande majorité des hommes ne comprend pas et ne goûte pas ces œuvres, à mon avis si parfaites, je n'ai pas le droit non plus d'affirmer que, si je ne comprends ni ne goûte les nouvelles œuvres d'art, cela ne provient pas simplement de l'insuffisance de mon développement intellectuel. Si j'ai le droit de dire que mon impossibilité à comprendre les œuvres des nouvelles écoles vient de ce qu'il n'y a dans ces œuvres rien à comprendre, on pourra dire, en vertu du même droit, que tout ce que je tiens pour les chefs-d'œuvre de l'art est de mauvais art, et incompréhensible, puisque l'énorme masse du peuple est hors d'état d'y rien comprendre.

Je me suis un jour rendu un compte très net de ce qu'il y avait d'injuste dans cette façon de condamner l'art des nouvelles écoles. J'ai entendu ce jour-là un poète, auteur lui-même de vers incompréhensibles, accabler de railleries la musique incompréhensible ; et, l'instant d'après, j'ai rencontré un musicien, auteur de symphonies incompréhensibles, qui ne tarissait pas en moqueries sur les poètes incompréhensibles. Condamner l'art nouveau en nous fondant sur ce que nous, hommes de la première moitié du siècle, nous ne le comprenons pas, c'est ce que nous n'avons aucun droit de faire. Nous n'avons d'autre droit que de dire que cet art est incompréhensible pour nous. La seule supériorité de l'art que nous admirons sur l'art des décadents consiste en ce que l'art que nous admirons est accessible à un nombre d'hommes un peu plus grand que l'art d'aujourd'hui.

De ce fait que, accoutumé à un certain art particulier, je suis incapable d'en comprendre un certain autre, de ce fait je n'ai nullement le droit de conclure que l'un de ces deux arts, celui que j'admire, est le seul véritable, et que celui que je ne comprends pas est un faux et un mauvais art. La seule conclusion que je puisse tirer de ce fait est que l'art, en devenant de plus en plus exclusif, est devenu aussi de moins en moins accessible, et que, dans sa marche graduelle vers l'incompréhensibilité, il a dépassé le point où je me trouvais.

Du jour où l'art des classes supérieures s'est séparé d'avec l'art du peuple, cette conviction est née que l'art pouvait être l'art et rester, cependant, hors de la portée des masses. Et du jour où ce principe a été admis, on pouvait prévoir que le moment viendrait où l'art ne serait plus accessible qu'à un petit nombre d'élus, et qu'il finirait même par ne plus l'être qu'à deux ou trois personnes, voire à une seule, l'artiste qui le produirait. Aussi bien en sommes-nous arrivés là. Vous entendrez couramment les artistes d'à présent vous dire : « Je crée des œuvres et je les comprends ; et si quelqu'un ne les comprend pas, tant pis pour lui ! »

Mais cette affirmation, que l'art peut être de l'art véritable et rester en même temps inaccessible à une foule de gens, cette affirmation est d'une absurdité parfaite, et ses conséquences sont désastreuses pour l'art lui-même : elle est cependant si commune, et a pris chez nous un tel empire, qu'on ne saurait trop insister pour en démontrer la fausseté.

Dire qu'une œuvre d'art est bonne, et cependant incompréhensible à la majorité des hommes, c'est comme si l'on disait d'un certain aliment qu'il est bon, mais que la plupart des hommes doivent se garder d'en manger. La majorité des hommes peut ne pas aimer le fromage pourri ou le gibier faisandé, mets estimés par des hommes dont le goût est perverti; mais le pain et les fruits ne sont bons que quand ils plaisent à la majorité des hommes. Et le cas est le même pour l'art. L'art perverti peut ne pas plaire à la majorité des hommes, mais le bon art doit forcément plaire à tout le monde.

On nous dit que les œuvres les plus hautes de de l'art sont de telle sorte qu'on a besoin d'une préparation spéciale pour pouvoir les comprendre. Mais alors, si l'homme ne peut les comprendre naturellement, il doit donc y avoir des connaissances nécessaires pour mettre l'homme en état de les comprendre, et pouvant, par suite, leur être enseignées et expliquées. Or il se trouve qu'aucune connaissance de ce genre n'existe, et que la valeur des œuvres d'art ne peut pas s'expliquer. On nous dit bien que, pour comprendre ces œuvres, nous devons les relire, les revoir, les réentendre indéfiniment. Mais cela ne s'appelle pas expliquer : c'est simplement nous habituer. Et les hommes peuvent s'habituer à tout, même aux pires choses. Pouvant s'habituer à la mauvaise nourriture, à l'eau-de-vie, au tabac et à l'opium, ils peuvent, d'une façon pareille, s'habituer au mauvais art : et c'est, précisément, ce qui leur arrive.

Il est faux de dire, en outre, que la majorité des hommes manquent du goût nécessaire pour apprécier les œuvres d'art supérieures. Cette majorité a toujours compris, et continue à comprendre ce que nous aussi nous reconnaissons comme étant le meilleur : l'épopée de la Genèse, les paraboles de l'Évangile, les contes de fées, les légendes et chansons populaires. Comment donc se fait-il que la majorité des hommes ait soudain perdu cette faculté naturelle, et soit devenue incapable de comprendre l'art de notre temps ?

Du discours même le plus admirable, on peut admettre qu'il soit incompréhensible pour ceux qui ignorent la langue où il est prononcé. Un discours prononcé en chinois aura beau être excellent : il me restera incompréhensible, si je ne sais pas le chinois. Mais ce qui distingue l'art de toutes les autres formes d'activité mentale, c'est, tout justement, que son langage est compris de tous, et que tout le monde, indistinctement, peut en être ému. Les larmes et le rire d'un Chinois m'émeuvent exactement comme les larmes et le rire d'un Russe; et il en est de même de la peinture, de la musique, et de la poésie, pour peu que celle-ci soit traduite dans une langue que je comprends. Les chants d'un Khirghiz ou d'un Japonais ne me touchent pas autant qu'un Khirghiz ou un Japonais : mais ils me touchent cependant. Je suis touché, aussi, de la peinture japonaise, de l'architecture indienne, des contes arabes. Et si une chanson japonaise ou un roman chinois me touchent moins qu'un Japonais ou un Chinois, ce n'est pas que je ne comprenne pas ces œuvres d'art, mais seulement que je connais des œuvres d'un art plus haut. Ce n'est pas du tout parce que leur art est au-dessus de moi. Les grandes œuvres d'art ne sont grandes que parce qu'elles sont accessibles et compréhensibles à chacun. L'histoire de Joseph, traduite en langue chinoise, touche un Chinois. L'histoire de Çakya-Mouni nous touche. Si donc un art échoue à toucher les hommes, la cause n'en est pas dans ce que ces hommes man-

quent de goût ou d’intelligence ; elle est dans ce
que cet art est de mauvais art, ou n’est pas de l’art,
du tout.

L’art diffère des autres formes de l’activité mentale en ce qu’il peut agir sur les hommes indépendamment de leur état de développement et
d’éducation. Et l’objet de l’art est, par essence, de
faire sentir et comprendre des choses qui, sous la
forme d’un argument intellectuel, resteraient
inaccessibles. L’homme qui reçoit une véritable
impression artistique a le sentiment qu’il connaissait déjà ce que l’art lui révèle, mais qu’il était
incapable d’en trouver l’expression.

Et telle a toujours été la nature de l’art bon et
vrai. L’*Iliade*, l’*Odyssée*, les histoires d’Isaac, de
Jacob et de Joseph, les chants des prophètes hébreux, les Psaumes, les paraboles de l’Évangile,
l’histoire de Çakya-Mouni, les hymnes védiques ;
toutes ces œuvres expriment des sentiments très
élevés et nous sont cependant aussi compréhensibles à tous qu’elles l’ont été, il y a de longs siècles,
à des hommes moins civilisés encore que nos
paysans. Les églises, et les images qu’elles contiennent, ont été toujours compréhensibles à tous.
L’obstacle à la compréhension des sentiments les

plus hauts n'est pas du tout dans l'insuffisance de développement ou de science, mais au contraire dans un faux développement et une fausse science. Une œuvre d'art bonne et haute peut bien être incompréhensible, mais non pas pour le paysan, simple et non encore perverti : ceux-là comprennent tout ce qu'il y a de plus haut; ceux pour qui une œuvre de ce genre risque de demeurer incompréhensible, ce sont des esprits soi-disant raffinés, c'est-à-dire pervertis, privés de toute conception sérieuse de la vie. Je connais, par exemple, des hommes qui se croient très civilisés, et qui disent qu'ils ne comprennent pas la poésie de la charité, ou du sacrifice de soi-même, ou de la chasteté.

Si donc l'art de notre temps est incompréhensible pour la masse, ce n'est point parce qu'il est trop bon, comme les artistes se plaisent aujourd'hui à le dire. Si cet art est incompréhensible à la masse, c'est simplement parce qu'il est de mauvais art, ou même que cet art n'est pas de l'art du tout.

L'objet des œuvres d'art étant d'exprimer des émotions, comment peut-on parler de ne pas les comprendre ? Un homme du peuple lit un livre, voit une peinture, entend une pièce ou une symphonie ; et il n'éprouve aucune émotion. On lui dit que c'est parce qu'il ne peut pas comprendre. On lui promet de lui montrer quelque chose, il entre, et ne voit rien. Et on lui dit que c'est parce que sa vue n'est pas préparée pour un spectacle de ce genre. Mais cet homme sait qu'il voit très bien ; et s'il ne voit pas ce qu'on lui a promis de lui montrer, il en conclut simplement, à juste titre, que ceux qui ont entrepris de lui faire voir le spectacle n'ont pas rempli leur engagement. Et de dire que, si mon art ne touche pas un certain homme, la faute en est à ce que cet homme est trop stupide, outre que c'est un comble de vanité, c'est encore un renversement des rôles, comme si un malade engageait un homme bien portant à se mettre au lit.

Voltaire disait : « Tous les genres sont bons, hors le genre ennuyeux. » Mais plus justement encore on peut dire : « Tous les genres sont bons, hors celui qu'on ne comprend pas, ou qui ne produit pas son effet. » Car de quelle valeur peut être une chose qui échoue à produire l'effet en vue de qui elle est produite ?

Notez bien ceci : si seulement vous admettez que l'art peut être de l'art et cependant rester inintelligible à des personnes d'esprit sain, il n'y a pas de raison qui puisse empêcher un petit groupe d'hommes pervertis de composer des œuvres exprimant leurs sentiments pervertis, des œuvres qui ne sont compréhensibles que pour eux seuls, et de donner à ces œuvres le nom d'art, comme le font aujourd'hui les artistes décadents.

L'évolution de l'art dans les temps modernes peut être comparée à ce qui se produit si l'on place sur un cercle d'autres cercles, de plus en plus petits, jusqu'à ce qu'on ait formé un cône, dont le sommet n'est plus du tout un cercle. C'est exactement ce qui est arrivé pour l'art de notre temps.

CHAPITRE X

A force de voir sa matière s'appauvrir et de devenir inintelligible dans sa forme, l'art des classes supérieures en est venu aujourd'hui à manquer même des caractères élémentaires de l'art, et à n'être plus qu'une simple contrefaçon d'art.

C'était d'ailleurs une conséquence aisée à prévoir. L'art universel, en effet, naît seulement lorsqu'un homme, ayant éprouvé une émotion vive, sent la nécessité de la transmettre à d'autres hommes. Or l'art professionnel des classes supérieures ne naît nullement d'une impulsion intime de l'artiste ; il naît surtout parce que les classes supérieures de la société demandent de l'amusement, et le paient un bon prix. Elles ne demandent à l'art que de leur transmettre des sentiments qui leur plaisent ; et c'est à cette demande que les artistes s'efforcent de répondre. Mais la chose est fort difficile, car les hommes des classes riches, passant leur vie dans la paresse et le luxe, ont besoin d'avoir sans cesse des divertissements nouveaux; et l'art, même le plus bas, ne se produit pas à volonté, mais doit découler spontanément de l'âme de l'artiste. Et ainsi les artistes se sont trouvés forcés d'inventer des méthodes spéciales pour produire des imitations, des contrefaçons de l'art, afin de pouvoir satisfaire indéfiniment aux exigences des classes sociales qui les faisaient vivre.

Les méthodes qu'ils ont imaginées pour y parvenir se réduisent à quatre : 1º les emprunts, 2º les ornements, 3º les effets de saisissement, et 4º l'excitation de la curiosité.

La première méthode consiste à emprunter à des œuvres d'art antérieures ou bien des sujets entiers, ou des parties reconnues poétiques dans ces œuvres antérieures, et à les remanier avec quelques additions de façon à leur donner une apparence de nouveauté. Les productions de cette sorte, évoquant dans les âmes d'une certaine classe sociale le souvenir de sentiments artistiques déjà éprouvés, causent une impression qui ressemble à celle de l'art, et, pour peu qu'elles soient conformes à d'autres conditions importantes, elles trouvent moyen de passer pour de l'art auprès de ceux qui ne cherchent dans l'art que le seul plaisir. Les sujets empruntés à des œuvres d'art antérieures s'appellent, en général, des sujets poétiques. Les personnes ou choses empruntées de la même façon s'appellent des personnes ou des choses poétiques. C'est ainsi que, dans notre société, on s'accorde à considérer comme des sujets poétiques toute sorte de légendes, de sagas, et de traditions anciennes. Au rang des personnes et des choses poétiques nous avons l'habitude d'admettre les jeunes filles, les guerriers, les pâtres, les ermites, les anges, les démons, le clair de lune, le tonnerre, les montagnes, la mer, les précipices, les fleuves, les longs cheveux, les lions, les agneaux, les colombes et les rossignols. D'une façon plus générale, on tient pour poétique tout ce qui a été le plus souvent traités par le artistes des générations précédentes.

Je me rappelle que, il y a une quarantaine d'années, une dame, morte depuis, personne tout à fait sotte, mais d'une très haute culture et *ayant beaucoup d'acquis*, me pria d'entendre la lecture

d'un roman qu'elle venait d'écrire. Le roman s'ouvrait par la description d'une héroïne qui, poéti-
quement vêtue de blanc, avec des cheveux poéti-
quement flottants, lisait de la poésie près d'une
source, dans une poétique forêt. Cela se passait
en Russie, et cependant voici que tout à coup, de
derrière les buissons, le héros surgissait, coiffé
d'un chapeau à plume « à la Guillaume Tell »
(cela était spécifié dans le livre), et accompagné
de deux chiens blancs, non moins poétiques. La
dame croyait avoir fait là une œuvre poétique au
dernier degré; et en effet son œuvre aurait pu passer pour le modèle du genre si le héros, dès l'instant d'après, n'avait été obligé d'engager la conversation avec l'héroïne. Mais aussitôt que le jeune
homme au chapeau *à la Guillaume Tell* se mit à
parler avec la jeune fille à la robe blanche, je dé-
couvris clairement que l'auteur n'avait rien à leur
faire dire, qu'elle n'avait eu elle-même rien à dire,
et que, émue par le souvenir poétique d'autres
œuvres, elle s'était imaginé qu'il lui suffirait de
coudre bout à bout des morceaux de ces œuvres
pour produire chez le lecteur une impression artistique. Or une impression artistique n'est produite
en nous que quand l'auteur a éprouvé lui-même,

d'une manière à lui propre, les sentiments qu'il nous transmet, et non pas quand il se borne à nous transmettre les sentiments d'autres hommes, tels que ceux-ci les lui ont transmis. Une telle méthode d'emprunts ne saurait nous émouvoir comme une œuvre d'art; elle peut seulement simuler une œuvre d'art, et encore ne le peut-elle qu'auprès de gens dont le goût artistique se trouve perverti. La dame en question étant tout à fait sotte et dépourvue de talent, on découvrait tout de suite ce qui en était de son œuvre; mais quand la même méthode est pratiquée par des artistes instruits et bien doués, et possédant à fond la technique de leur art, nous avons alors ces emprunts du grec, de l'antique, du christianisme, de la mythologie, qui sont à présent devenus si nombreux, et dont le nombre continue à croître, et que le public accepte ingénûment comme des œuvres d'art. Un exemple bien typique de ces contrefaçons de l'art, en poésie, vous sera fourni par la *Princesse Lointaine* de Rostand, une pièce toute faite d'emprunts, où il n'y a certainement pas un seul atome d'art, ni de poésie, ce qui ne l'empêche pas de paraître très poétique à une foule de gens, et probablement aussi à l'auteur lui-même.

Une seconde méthode pour donner à des œuvres qui ne sont pas de l'art une apparence d'art, c'est ce que j'appellerai l'ornementation. L'objet de cette méthode est de fournir aux sens du lecteur, du spectateur, ou de l'auditeur, les impressions les plus agréables, de façon à les griser, et à leur faire prendre pour de l'art ce qui n'en est pas. En littérature, cette méthode consiste, s'il s'agit de poésie, à employer les rythmes les plus cadencés, les rimes les plus sonores, et les expressions les plus élégantes; s'il s'agit de prose, elle consiste à accentuer l'éclat et l'agrément des descriptions. Au théâtre, elle consiste à exciter les sens des spectateurs en lui montrant de jolies actrices, vêtues des costumes les plus riches, et parmi les décors les plus somptueux. En peinture, elle consiste à choisir des modèles qui excitent les sens, et à exagérer l'effet du coloris. En musique, elle consiste à multiplier les *passages* et les *fioritures*, aussi les modulations, à introduire dans l'orchestre des instruments nouveaux, etc. Ces ornementations ont atteint, de nos jours, un tel degré de perfection que les classes supérieures de notre société en sont venues à les prendre elles-mêmes pour des œuvres d'art : erreur d'autant plus naturelle, d'ailleurs, que la théorie en cours considère la beauté comme l'objet de l'art.

Une troisième méthode consiste à agir, d'une façon souvent toute physique, sur notre sensibilité. On dit alors que les œuvres sont « saisissantes », ou « pleines d'effet ». Les effets qu'elles produisent, dans tous les arts, sont presque uniquement des effets de contraste ; elles associent le terrible et le tendre, le hideux et le beau, le doux et le fort, le clair et le sombre, le banal et l'extraordinaire. En littérature, cependant, aux effets de contraste s'ajoutent d'autres effets, consistant dans la description de choses qui, jamais encore, n'ont été décrites. Ces choses sont, d'ordinaire, des détails pornographiques évoquant le désir sexuel, ou des détails de souffrances et de mort évoquant l'horreur ; ainsi, en nous décrivant un meurtre, on nous donne un minutieux compte-rendu médical des tissus lacérés, de l'odeur, de la quantité et de la couleur du sang. En peinture et en sculpture, un effet de contraste qui commence à devenir très goûté consiste à traiter un détail avec un extrême fini tandis qu'on laisse au reste de l'œuvre l'apparence négligée d'une esquisse. Au théâtre, ce ne sont que scènes de folie, d'assassinat, de mort ; et

personne n'y meurt plus sans qu'on nous fasse assister à toutes les phases de l'agonie. En musique,
les effets les plus ordinaires sont : un *crescendo* brus-
que passant des sons les plus ténus aux plus vio-
lents ; une répétition des mêmes sons *arpégés* à
toutes les octaves, et par les divers instruments ; ou
encore une suite d'harmonies, de tonalités ou de
rythmes différents de ceux qui découleraient naturellement du cours de la pensée musicale, de telle
sorte qu'ils nous saisissent par leur imprévu. J'a-
jouterai que toute la musique d'à présent abuse
de l'effet purement physique qui consiste à faire
toujours plus de bruit que ce n'est utile.

Et il y a encore un autre effet de cette catégorie
qui est commun aujourd'hui à tous les arts : il
consiste à faire exprimer par un art ce qu'il serait
naturel d'exprimer par un autre. Par exemple, on
charge la musique de nous décrire des actions ou
des paysages (c'est ce que fait la *musique à pro-
gramme* de Wagner et de ses successeurs). Ou
bien, comme font les décadents, on prétend forcer
la peinture, le drame, ou la poésie à *suggérer* certaines pensées.

Enfin, la quatrième méthode consiste à provoquer la curiosité, de façon à absorber l'esprit et à l'empêcher de sentir le manque d'art véritable. Naguère encore, on provoquait volontiers la curiosité en compliquant les intrigues; aujourd'hui ce procédé se démode, et est remplacé par celui de l'*authenticité*, c'est-à-dire par la peinture détaillée d'une période historique ou d'une branche de la vie contemporaine. Ainsi, pour absorber l'esprit du lecteur, les romanciers lui décrivent tout au long la vie des Égyptiens ou des Romains, la vie des ouvriers d'une mine, ou celle des commis d'un grand magasin. La curiosité peut aussi être provoquée par le choix même des expressions : et c'est un artifice de plus en plus en honneur. Vers et prose, pièces, tableaux, symphonies, tout cela est combiné de façon à ce qu'on doive deviner le sens, comme dans les charades : on est intrigué, on cherche à deviner, on se distrait, et on a l'illusion d'avoir éprouvé une émotion artistique.

Et vous entendez dire très souvent qu'une œuvre d'art est excellente parce qu'elle est ou poétique, ou belle, ou saisissante, ou intéressante; tandis qu'en réalité aucun de ces quatre attributs non seulement ne peut servir d'étalon de l'excellence d'une œuvre d'art, mais n'a même rien de commun avec l'art véritable.

Poétique, cela signifie simplement : emprunté ailleurs. Tous les emprunts rappellent au lecteur, au spectateur, à l'auditeur, de vagues souvenirs d'impressions artistiques fournies par des œuvres antérieures ; mais jamais ils ne peuvent nous transmettre les sentiments de l'artiste lui-même. Une œuvre fondée sur des emprunts, par exemple le *Faust* de Gœthe, peut être bien exécutée, plein d'intelligence, et même de beauté ; mais elle ne saurait produire une véritable impression artistique, parce qu'elle manque du caractère principal d'une œuvre d'art, l'unité, l'ensemble, cette alliance profonde de la forme et du fond qui exprime des sentiments éprouvés par l'artiste. L'artiste, en employant cette méthode, parvient seulement à nous transmettre des sentiments qui lui ont été transmis à lui-même ; son œuvre n'est qu'un reflet d'art, un semblant d'art, mais non pas de l'art. Dire d'une telle œuvre qu'elle est bonne parce qu'elle est poétique, donc parce qu'elle ressemble à une œuvre d'art, c'est comme si l'on disait d'une pièce en plomb qu'elle est bonne parce qu'elle ressemble à une pièce d'argent.

L'ornementation, que vantent si fort nos esthiticiens sous le nom de beauté, ne saurait non plus servir de mesure de la qualité d'une œuvre d'art. Le caractère essentiel de l'art, en effet, consiste à transmettre à d'autres hommes les émotions éprouvées par l'artiste ; et l'émotion artistique non seulement ne coïncide pas toujours avec la beauté, mais lui est même souvent contraire. La vue des plus laides souffrances peut nous émouvoir puissamment d'un sentiment de compassion, de sympathie, d'admiration pour la grandeur d'âme de la personne qui souffre ; et d'autre part la vue d'une figure de cire, même très belle, peut ne nous donner aucune émotion. Évaluer une œuvre d'art d'après son degré de beauté, c'est comme si l'on jugeait de la fertilité d'un terrain par l'agrément de sa situation.

La troisième méthode de contrefaçon de l'art, celle qui consiste à multiplier les effets de saisissement, n'a pas davantage à voir avec l'art véritable ; car l'effet, que ce soit un effet de nouveauté, ou de contraste, ou d'horreur, l'effet n'est jamais l'expression d'un sentiment, mais simplement une action sur nos nerfs. Quand un peintre représente avec une exactitude parfaite une blessure qui saigne, la vue de la blessure me frappe, mais ce n'est pas de l'art. Une note tenue très longtemps sur un orgue nous produit une impression de saisissement, et peut aller jusqu'à nous faire pleurer : mais il n'y a pas là de musique, parce qu'il n'y a pas de sentiment exprimé. Et cependant de tels effets physiologiques sont tous les jours pris pour de l'art par les personnes de notre société, et cela non seulement en musique, mais en poésie, en peinture, au théâtre. Il n'y a pas en vérité de plus amère plaisanterie que celle qui consiste à dire que l'art d'à présent « se raffine ». Jamais au contraire l'art n'a autant poursuivi le gros effet, jamais il n'a été plus grossier. L'Europe entière admire et acclame une pièce nouvelle, comme par exemple la *Hannele* de Hauptmann, où l'auteur s'est proposé de nous attendrir sur une jeune fille persécutée. Pour provoquer en nous ce sentiment au moyen de l'art, il pouvait ou bien charger un de ses personnages d'exprimer sa pitié pour la jeune fille d'une façon qui nous touchât, ou bien décrire avec vérité les sentiments de la jeune fille. Mais, faute de pouvoir ou de vouloir employer ce moyen, il en a choisi un autre, plus difficile pour le metteur en scène, mais, pour lui auteur, infiniment plus facile. Il nous a montré la jeune fille mourant sur la scène; et pour accentuer encore l'effet physiologique de cette agonie sur nos nerfs, il a fait éteindre toute lumière dans la salle, laissant l'auditoire dans les ténèbres. Aux sons d'une musique sinistre, il nous a fait voir la jeune fille poursuivie et battue par son ivrogne de père. La jeune fille s'affaisse, gémit, soupire, et meurt. Des anges apparaissent, qui l'emmènent. Et les auditeurs, qui n'ont pu s'empêcher pendant tout cela d'éprouver une certaine excitation, s'en vont convaincus d'avoir éprouvé un véritable sentiment artistique. Or il n'y a rien d'artistique dans une excitation de ce genre, mais seulement le mélange d'une vague pitié pour autrui et du plaisir de penser qu'on n'a pas soi-même à souffrir de telles souffrances. L'effet que nous produisent les œuvres de ce genre est de même nature que celui que nous produit la vue d'une exécution capitale ou de celui que produisaient aux Romains les supplices du cirque.

La substitution de *l'effet* aux sentiments artistiques se reconnaît aujourd'hui d'une façon toute particulière dans la musique, cet art ayant, de par sa nature, une action physiologique immédiate sur les nerfs. Au lieu d'exprimer par le moyen d'une mélodie, revêtue d'harmonies appropriées, les sentiments qu'il a éprouvés, le compositeur de la nouvelle école accumule et complique les sonorités ; tantôt les renforçant, tantôt les atténuant de nouveau, il produit sur l'auditoire un effet particulier d'excitation nerveuse. Et le public prend cet effet physiologique pour un effet artistique.

La quatrième méthode, celle de la curiosité, est, aussi, couramment confondue avec l'art. Combien de fois n'entendons-nous pas dire, non seulement d'un poème, d'un roman, ou d'un tableau, mais même d'une œuvre musicale, qu'elle est « intéressante » ? Et qu'est-ce que cela peut signifier ? Dire qu'une œuvre d'art est intéressante, c'est dire ou bien qu'elle nous apprend du nouveau, ou que nous n'en devinons le sens que peu à peu, et que cela nous amuse d'avoir à deviner. Or, ni dans l'un ni dans l'autre cas, l'intérêt n'a rien de commun avec l'impression artistique.

L'objet de l'art est de nous faire éprouver des sentiments éprouvés par l'artiste ; mais l'effort d'intelligence dont nous avons besoin pour nous assimiler l'information nouvelle que nous apporte une œuvre, ou pour deviner les énigmes qu'elle contient, cet effort, en distrayant notre esprit de l'émotion exprimée, nous empêche de la ressentir : de sorte que non seulement le fait d'être « intéressante » ne contribue en rien à la valeur artistique d'une œuvre d'art, mais qu'il est même plutôt un obstacle à la véritable impression artistique.

Plusieurs conditions doivent être remplies pour qu'un homme puisse produire une véritable œuvre d'art. Cet homme doit, d'abord, se trouver au niveau des plus hautes conceptions religieuses de son temps ; il doit en outre éprouver des sentiments, et avoir le désir et la capacité de les transmettre à d'autres ; et il doit enfin avoir, pour une des formes diverses de l'art, cette capacité spéciale qu'on nomme le talent. Or il est très rare qu'un homme réunisse en lui toutes ces conditions. Mais pour produire sans cesse de ces contrefaçons de l'art qui passent aujourd'hui pour de l'art véritable, et dont la production est si bien payée, il faut simplement avoir du talent, chose courante et sans valeur aucune. J'entends par « talent » l'habileté : en littérature, l'habileté à exprimer aisément ses pensées et ses sensations, à noter et se rappeler les détails typiques; en peinture, à discerner et se rappeler les lignes, formes et couleurs; en musique, à distinguer les intervalles, à comprendre et se rappeler la succession des sons. Et c'est assez qu'un homme possède, aujourd'hui, un tel talent, et qu'il sache faire choix de quelque spécialité, pour que, à l'aide des méthodes de contrefaçon que j'ai dites, il puisse indéfiniment fabriquer des ouvrages destinés à satisfaire le besoin de divertissement de nos classes supérieures. Dans toutes les branches de l'art, des règles ou recettes définies existent, qui permettent de produire des œuvres de ce genre, sans éprouver aucun sentiment. Et ainsi l'homme de talent, s'étant assimilé les règles de son métier, peut, à tout moment, produire à froid des œuvres qui passeront pour de l'art.

Et il se produit aujourd'hui une quantité si immense de ces œuvres qu'on trouve des hommes qui connaissent des centaines et des milliers d'œuvres soi-disant artistiques, et qui n'ont jamais vu une seule œuvre d'un art véritable, et qui ne savent même pas à quoi se reconnaît cet art véritable.

CHAPITRE XI

L'ART PROFESSIONNEL, LA CRITIQUE, L'ENSEIGNE-
MENT ARTISTIQUE : LEUR INFLUENCE SUR LA
CONTREFAÇON DE L'ART

Cette énorme et croissante diffusion des contrefaçons de l'art, dans notre société, est due au con-
cours de trois conditions, à savoir : 1º le profit
matériel que ces contrefaçons rapportent aux artistes, 2º la critique, 3º l'enseignement artistique.

Quand l'art était encore universel, et que seul
l'art religieux était apprécié et récompensé, il n'y
avait pas de contrefaçons, ou, s'il y en avait, elles ne
tardaient pas à disparaître, étant exposées à la critique de la nation entière. Mais aussitôt que la distinction se produisit de l'art de l'élite et de l'art du
peuple, aussitôt que les classes supérieures se mi-
rent à acclamer toute forme d'art, pourvu seulement qu'elle leur apportât du plaisir, aussitôt enfin
que ces classes commencèrent à rémunérer leur soi-

disant art plus encore que toute autre activité sociale, aussitôt un grand nombre d'hommes s'employèrent à ce genre d'activité, et l'art prit un caractère nouveau, et devint une profession.

Et aussitôt que cela eut lieu, la principale et la plus précieuse des qualités de l'art, la sincérité, se trouva grandement affaiblie, condamnée d'avance à une prompte disparition. A l'art véritable fut substituée la contrefaçon de l'art.

L'artiste de profession, en effet, est forcé de vivre de son art, ce qui l'oblige à inventer indéfiniment, pour ses ouvrages, de nombreux sujets. Voyez, par exemple, quelle différence il y a entre les œuvres produites, d'une part, par des hommes comme les prophètes juifs, les auteurs des *Psaumes*, François d'Assise, Fra Angelico, les auteurs. de l'*Iliade* et de l'*Odyssée*, ceux des légendes et des chansons populaires, tous ces hommes d'autrefois qui non seulement n'étaient point payés pour leurs œuvres, mais ne se souciaient même pas d'y attacher leurs noms; et, d'autre part, les œuvres produites par des poètes de cour, des peintres ou des musiciens comblés d'honneurs et d'argent ! Mais plus grande encore est la différence entre l'œuvre des vrais artistes et celle des professionnels de l'art qui remplissent à présent le monde, tous vivant de leur commerce, c'est-à-dire de l'argent qu'ils reçoivent des directeurs de journaux, éditeurs, impresarios, et autres intermédiaires chargés de mettre les artistes en rapport avec les consommateurs d'art.

Le professionnalisme est la première cause de la diffusion parmi nous des contrefaçons de l'art.

La seconde cause est la naissance, toute récente, et le développement de la critique, c'est-à-dire de l'évaluation de l'art non plus par tout le monde, non plus par des hommes simples et sincères, mais par des érudits, des êtres à l'intelligence pervertie, et remplis en même temps de confiance en soi.

Parlant de la relation des critiques à l'égard des artistes, un de mes amis disait, un peu par plaisanterie : « Les critiques, ce sont les sots qui discutent les sages. » C'était là une définition inexacte, injuste, et d'une dureté excessive ; mais elle n'était pas sans contenir une part de vérité ; et en tout cas elle est incomparablement plus juste que celle qui considère les critiques comme ayant le droit et les moyens d'expliquer les œuvres d'art.

Expliquer ! Qu'est-ce donc qu'ils expliquent ?

L'artiste, s'il est un véritable artiste, a par son œuvre transmis aux autres hommes les sentiments qu'il éprouvait. Et, dans ces conditions, que reste-t-il à expliquer?

Si une œuvre est bonne en tant qu'art, le sentiment exprimé par l'artiste, moral ou immoral, se transmet de lui-même aux autres hommes. S'il se transmet à eux, ils le sentent, et toutes les explications sont superflues. S'il ne se transmet pas à eux, aucune explication ne pourra rien pour y remédier. L'œuvre d'un artiste ne saurait être expliquée. Si l'artiste avait pu expliquer en paroles ce qu'il désirait nous transmettre, il se serait exprimé en paroles. S'il s'est exprimé par la voie de l'art, c'est précisément parce que les émotions ne pouvaient pas nous être transmises par une autre voie. Que peut-on dire du rire ou des larmes qui nous aide, si peu que ce soit, à en être émus? Quand un homme essaie d'interpréter des œuvres d'art en paroles, cela prouve seulement qu'il est lui-même incapable de ressentir l'émotion artistique. Et tel est en effet le cas. Si étrange que cela puisse sembler, les critiques ont toujours été des hommes moins accessibles que le reste des hommes à la contagion de l'art. Ce sont, pour la plupart, d'habiles écrivains, instruits et intelligents, mais chez qui la capacité d'être émus par l'art est tout à fait pervertie ou atrophiée. Et de là vient que leurs écrits ont toujours largement contribué et contribuent encore aujourd'hui à pervertir le goût du public qui les lit, et qui se fie à eux.

La critique n'existait pas, ne pouvait pas exister, dans des sociétés où l'art s'adressait à tous, et où par conséquent il exprimait une conception religieuse de la vie commune à un peuple entier. Elle ne s'est produite, elle ne pouvait se produire, que sur l'art des classes supérieures, qui n'avait point pour base la conscience religieuse de son temps.

L'art universel a un critérium interne défini et indubitable : la conscience religieuse. L'art des classes supérieures manque de ce critérium, et c'est pourquoi ceux qui veulent apprécier cet art sont forcés de s'accrocher à quelque critérium extérieur. Et ce critérium, ils le trouvent dans les jugements de « l'élite », c'est-à-dire dans l'autorité d'hommes que l'on considère comme plus instruits que les autres, et non seulement dans leur autorité, mais dans la tradition formée par un ensemble d'autorités de ce genre. Mais cette tradition est extrêmement trompeuse, tant parce que « l'élite » se trompe très souvent, que parce que des jugements qui ont eu du prix en leur temps cessent d'en avoir dans un autre temps. Or les critiques, faute d'avoir une base solide pour leurs jugements, se cramponnent obstinément à leurs traditions. Les tragédies classiques ont été jadis considérées comme bonnes : la critique continue à les considérer comme telles. Dante a été tenu pour un grand poète, Raphaël pour un grand peintre, Bach pour un grand musicien ; et nos critiques, faute d'avoir un moyen de distinguer le bon art d'avec le mauvais, continuent non seulement à tenir ces artistes pour grands, mais tiennent en outre toutes leurs œuvres pour admirables, et dignes d'être imitées. Rien n'a autant contribué et ne contribue autant à la perversion de l'art que les autorités mises en avant par la critique. Un homme produit une œuvre d'art où, en vrai artiste, il exprime à sa façon propre un sentiment qu'il a éprouvé. Son sentiment se transmet à d'autres hommes, et son œuvre attire l'attention. Mais alors la critique, s'en emparant, déclare que, sans être mauvaise, elle n'est cependant l'œuvre ni d'un Dante, ni d'un Shakespeare, ni d'un Gœthe, ni d'un Raphaël, ni d'un Beethoven. Et le jeune artiste se remet au travail, pour copier les maîtres qu'on lui conseille d'imiter; et il produit des œuvres non seulement faibles, mais fausses, des contrefaçons de l'art.

Ainsi, par exemple, notre Pouchkine écrit des petits poèmes, son *Onéguine*, son *Tsigane*, œuvres d'une valeur fort inégale, mais qui sont toutes, cependant, des œuvres d'un art véritable. Mais voici que, sous l'influence d'une critique mensongère, qui exalte Shakespeare, le même Pouchkine écrit son *Boris Godounof,* une œuvre apprêtée et froide ; et voici que les critiques exaltent cette œuvre et la proposent en modèle, et voici qu'en effet tout le monde l'imite, Ostrowsky dans son *Minine*, Alexis Tolstoï dans son *Tsar Boris*, etc. Ces imitations d'imitations encombrent toutes les littératures d'œuvres médiocres, et absolument inutiles. Et là est le plus grand mal que font les critiques : manquant eux-mêmes de la capacité d'être émus par l'art (et ils en manquent forcément, sans quoi ils ne tenteraient pas l'impossible, en voulant interpréter les œuvres d'art), ils ne sauraient attacher d'importance, ni accorder d'éloges, qu'à des œuvres apprêtées et produites de sang-froid. C'est pour cela qu'ils exaltent avec tant d'assurance, en littérature, les tragiques grecs, Dante, le Tasse, Milton, Gœthe, et, parmi les auteurs plus récents, Zola et Ibsen; en musique, le Beethoven de la dernière manière, et Wagner. Pour justifier l'éloge enthousiaste qu'ils font de ces grands hommes, ils construisent infatigablement de vastes théories; et nous voyons ensuite des hommes de talent s'occuper à composer des œuvres en conformité avec ces théories; et souvent même de véritables artistes, faisant violence à leur génie, se soumettent à elles.

Toute œuvre de faux art exaltée par les critiques constitue comme une porte à travers laquelle s'engouffrent les médiocrités.

Si les Ibsen, les Maeterlinck, les Verlaine, les Mallarmé, les Puvis de Chavannes, les Klinger, les Bœcklin, les Stuck, les Liszt, les Berlioz, les Wagner, les Brahms, les Richard Strauss, etc., sont devenus possibles dans notre temps, ainsi que la masse immense des médiocres imitateurs de ces imitateurs, nous devons cela surtout à nos critiques, qui continuent aujourd'hui encore à louer aveuglément les œuvres rudimentaires, et souvent vides de sens, des anciens Grecs : Sophocle, Euripide, Aristophane, et aussi toute l'œuvre de Dante, du Tasse, de Milton, de Shakespeare, toute l'œuvre de Michel-Ange, y compris son absurde *Jugement dernier*, toute l'œuvre de Bach, toute l'œuvre de Beethoven, y compris sa dernière période.

Rien de plus typique, à ce point de vue, que le cas de Beethoven. Parmi ses nombreuses productions se trouvent, en dépit d'une forme toujours artificielle, des œuvres d'un art véritable. Mais il devient sourd, ne peut plus rien entendre, et commence à écrire des œuvres bizarres, maladives, dont la signification reste souvent obscure. Je sais que les musiciens peuvent imaginer des sons, et qu'il leur est presque possible d'entendre ce qu'ils lisent; mais des sons imaginaires ne sauraient jamais remplacer les sons réels, et un musicien doit entendre ses œuvres pour leur donner une forme parfaite. Or Beethoven ne pouvait rien entendre, et par suite était hors d'état de parfaire ses œuvres. Mais la critique, ayant reconnu en lui un grand compositeur, s'est précisément emparée de ses œuvres imparfaites et souvent anormales, pour y rechercher à tout prix des beautés extraordinaires. Et pour justifier ces éloges, pervertissant le sens même de l'art musical, elle a attribué à la musique la propriété de dépeindre ce qu'elle ne saurait dépeindre. Et des imitateurs sont aussitôt apparus, une troupe innombrable d'imitateurs, qui se sont mis à copier ces œuvres maladives et incomplètes, ces œuvres que Beethoven n'a pas pu parfaire suffisamment pour leur donner une pleine valeur artistique.

Et parmi eux est apparu Wagner. Il a commencé par rattacher, dans ses articles de critique, les dernières œuvres de Beethoven à la théorie mystique de Schopenhauer, qui faisait de la musique l'expression de l'essence même de la Volonté. Après quoi il s'est mis à composer de la musique plus étrange encore, en se fondant sur cette théorie, ainsi que sur un système d'union de tous les arts. Et de Wagner est sortie une troupe nouvelle d'imitateurs, s'écartant davantage encore de l'art véritable.

Tels sont les résultats de la critique. Et non moins désastreuse est la troisième cause qui contribue à pervertir l'art de notre temps : je veux dire l'enseignement artistique.

Du jour où l'art, cessant de s'adresser à un peuple entier, ne s'est plus adressé qu'à une classe de riches, il est devenu une profession ; du jour où il est devenu une profession, on a inventé des méthodes pour l'enseigner ; les personnes qui faisaient choix de cette profession de l'art se sont mises à apprendre ces méthodes ; et ainsi se sont formées les écoles professionnelles : classes de rhétorique ou de littérature dans les écoles publiques, académies de peinture, conservatoires de musique et d'art dramatique. Ces écoles ont pour objet l'enseignement de l'art. Mais l'art est la transmission à d'autres hommes d'un sentiment personnel éprouvé par un artiste. Comment donc pourrait-on enseigner cela dans des écoles ?

Il n'y a pas d'école qui puisse provoquer chez un homme le sentiment, ni, encore moins, lui enseigner comment il pourra exprimer ses sentiments de la façon spéciale qui lui est naturelle. Et cependant c'est dans ces deux choses que réside l'essence de l'art !

Tout ce que des écoles peuvent enseigner, c'est le moyen d'exprimer des sentiments éprouvés par d'autres artistes de la façon dont les autres artistes les ont exprimés. Et c'est précisément là ce qu'enseignent les écoles professionnelles ; et leur enseignement, loin de contribuer à répandre l'art véritable, contribue au contraire à répandre les contrefaçons de l'art, faisant ainsi plus que tout le reste pour détruire chez les hommes la compréhension artistique.

En littérature, on apprend aux jeunes gens comment, sans avoir rien à dire, ils peuvent écrire une composition de plus ou moins de pages sur un sujet auquel ils n'ont jamais pensé, et l'écrire de telle façon qu'elle ressemble à des écrits d'auteurs d'une célébrité reconnue.

En peinture on leur apprend surtout à dessiner et à peindre d'après des copies et des modèles, et à dessiner et à peindre comme ont dessiné et peint les maîtres antérieurs, et à représenter le nu, c'est-à-dire ce qu'on voit le moins dans la réalité, et ce que l'homme occupé de la réalité a le moins l'occasion de peindre. Quant à la composition, on l'enseigne aux jeunes gens en leur proposant des sujets pareils à ceux qui ont été traités déjà par des maîtres célèbres.

De même encore, dans les écoles d'art dramatique, on apprend aux élèves à réciter des monologues exactement comme les récitaient les acteurs célèbres.

Et de même en musique. Toute la théorie de la musique n'est qu'une simple répétition des méthodes dont se sont servis les musiciens célèbres. Quant à l'exécution musicale, elle devient de plus en plus mécanique et semblable à celle d'un automate.

Corrigeant un jour une étude d'un de ses élèves, le peintre russe Brulof y fit une ou deux retouches, et aussitôt la médiocre étude prit l'accent de la vie. — « Eh quoi ! c'est à peine si vous y avez donné *un coup de pouce*, et la voilà toute changée ! lui dit l'élève. — C'est que l'art commence où commence ce *coup de pouce !* » répondit Brulof.

Aucun art ne met aussi bien en relief la justesse de cette pensée que l'exécution musicale. Pour que cette exécution soit artistique, c'est-à-dire nous transmette l'émotion de l'auteur, trois conditions principales sont requises, pour ne rien dire des autres. L'exécution musicale n'est artistique que si la note est juste, que si elle dure exactement le temps voulu, et que si elle est donnée exactement avec l'intensité de son voulu. La plus petite altération de la note, le plus petit changement dans le rythme, le plut petit renforcement ou affaiblissement du son, détruisent la perfection de l'œuvre et, par suite, sa capacité de nous émouvoir. La transmission de l'émotion musicale, qui semble une chose si simple et si aisée à obtenir, est donc en réalité une chose qui s'obtient seulement quand l'exécutant trouve la nuance infiniment petite nécessaire à la perfection. Et il en est de même dans tous les arts. Et un homme ne peut découvrir ces nuances que quand il sent l'œuvre, quand il se place directement en contact avec elle. Aucune machine ne saurait faire ce que fait un bon danseur qui conforme ses mouvements au rythme de la musique, aucun orgue à vapeur ne peut faire ce que fait un berger qui chante bien, aucun photographe ce que fait un peintre ; aucun rhéteur ne trouvera le mot ou l'arrangement de mots que trouve sans effort l'homme qui exprime ce qu'il sent. Et ainsi les écoles peuvent bien enseigner ce qui est nécessaire pour produire quelque chose d'analogue à l'art, mais jamais ce qui est nécessaire pour produire l'art lui-même.

L'enseignement des écoles s'arrête où commence le *coup de pouce*, c'est-à-dire où commence l'art.

Et d'accoutumer les hommes à quelque chose d'analogue à l'art, c'est les déshabituer de la compréhension de l'art véritable. Ainsi s'explique qu'il n'y ait pas de plus mauvais artistes que ceux qui ont passé par les écoles et qui y ont eu du succès. Les écoles professionnelles produisent une hypocrisie de l'art exactement du même genre que cette hypocrisie de la religion que produisent les séminaires, écoles de théologie, etc. Et de même qu'il est impossible, dans une école, de faire d'un homme un éducateur religieux, de même il est impossible de lui apprendre à devenir un artiste.

Les écoles d'art ont une influence doublement funeste. Elles détruisent, d'abord, la capacité de produire de l'art véritable chez ceux qui ont eu la malechance d'y entrer et d'y perdre sept, huit ou dix ans de leur vie. Et en second lieu elles produisent d'énormes quantités de ces contre-façons de l'art qui pervertissent le goût des masses, et qui sont en train d'envahir le monde.

Je ne prétends pas que les jeunes gens doués de talent ne doivent pas connaître les méthodes des différents arts, telles que les ont élaborées les grands artistes, avant eux. Mais il suffirait, pour les leur enseigner, qu'on créât dans toutes les écoles élé-mentaires des classes de dessin et de musique, au sortir desquelles les jeunes gens bien doués pourraient se perfectionner en toute indépendance dans la pratique de leur art.

Et il n'en reste pas moins certain que ces trois choses : la professionnalisation des artistes, la critique, et l'enseignement des arts, ont eu pour résultat de rendre désormais la plupart des hommes incapables même de comprendre ce que c'est que l'art, et les ont ainsi préparés à accepter comme art les plus grossières des contrefaçons.

CHAPITRE XII

L'ŒUVRE DE WAGNER, MODÈLE PARFAIT DE LA CONTREFAÇON DE L'ART

Si l'on veut voir à quel degré les hommes de notre temps et de notre société ont perdu la faculté de sentir l'art véritable, et ont pris l'habitude d'accepter comme de l'art des choses qui n'ont rien de commun avec l'art, aucun exemple ne pourra mieux nous le montrer que cette œuvre de Richard Wagner où non seulement l'Allemagne, mais encore la France et l'Angleterre prétendent aujourd'hui découvrir l'art le plus haut, et le plus riche en horizons nouveaux.

La pensée fondamentale de Wagner a été, comme l'on sait, que la musique devait faire corps avec la poésie, exprimer toutes les nuances d'une œuvre poétique. C'est là une pensée qu'il n'a fait que pousser à l'extrême, mais qui d'ailleurs est entièrement fausse, car chacun des arts a son domaine défini, distinct du domaine des autres arts ; et si la manifestation de deux d'entre eux se trouve un instant réunie dans une seule œuvre, comme c'est le cas dans l'opéra, un des deux doit nécessairement être sacrifié à l'autre.

L'union du drame et de la musique, inventée, au XVIe siècle, par des Italiens qui s'imaginaient ressusciter l'ancien drame grec, n'a jamais pu trouver de succès qu'auprès des classes supérieures, et cela seulement quand un musicien de talent, Mozart, Weber, Rossini, s'inspirant d'un sujet dramatique, s'est cependant abandonné librement à son inspiration, et a subordonné le texte à la musique. Dans les opéras de ces maîtres, la seule chose importante pour l'auditeur était la musique écrite sur un certain texte et pas du tout le texte lui-même : celui-ci pouvait aller jusqu'à l'absurdité, comme par exemple dans la *Flûte enchantée*, sans empêcher la musique de produire une impression artistique.

C'est cela que Wagner a rêvé de corriger, en unissant d'une façon plus intime la musique et la poésie. Mais l'art de la musique ne saurait se soumettre à l'art dramatique sans perdre sa signification propre, car toute œuvre d'art, si elle est bonne,

est l'expression du sentiment intime de l'artiste,
d'un sentiment tout à fait exceptionnel, et qui ne
trouve son expression que dans une forme spéciale ; de telle sorte que vouloir qu'une production
d'un certain art fasse corps avec une production
d'un autre art, c'est demander l'impossible. C'est
en effet demander que deux œuvres de domaines
artistiques différents soient, d'une part, exception-
nelles, sans ressemblance avec rien, et que cependant elles coïncident et puissent s'unir pour former un tout.

Cela est aussi impossible que de trouver deux
hommes, ou même deux feuilles sur un arbre, qui
se ressemblent exactement. Et si deux œuvres artistiques coïncident l'une à l'autre, c'est ou bien que
l'une est une œuvre d'art véritable, et l'autre une
contrefaçon, ou bien que toutes deux sont des contrefaçons. Deux feuilles naturelles ne peuvent pas
être exactement pareilles, mais deux feuilles artificielles peuvent l'être. Et il en est de même pour
les œuvres d'art.

Si la poésie et la musique peuvent être accou-
plées, comme c'est le cas dans les hymnes et les
chants, leur accouplement n'est jamais une véritable union, et toujours le centre de gravité se trouve

dans l'une des deux, de sorte que c'est l'une des deux seulement qui produit l'impression artistique.

Mais il y a plus. Une des conditions principales de la création artistique est la liberté absolue de l'artiste, son affranchissement de toute demande extérieure. Et la nécessité d'ajuster une œuvre de musique à une œuvre d'un autre art constitue une demande extérieure de ce genre, suffisante pour détruire toute possibilité de création artistique.

C'est en effet ce qui arrive dans la musique de Wagner. Et la preuve en est dans ce fait, que la musique de Wagner manque du caractère essentiel de toute œuvre d'art véritable, à savoir de cette unité et de cette intégralité qui font que le plus petit changement de la forme suffit à altérer la signification de l'ensemble. Dans une œuvre d'art véritable, poème, tableau, chant ou symphonie, il est impossible d'extraire de sa place, ou de changer de place, une ligne, une figure, une mesure, sans que le sens de l'œuvre entière en soit compromis, de même qu'il est impossible, sans compromettre la vie d'un être organisé, de changer la place d'un seul des organes. Mais dans les dernières œuvres de Wagner, à l'exception de quelques parties moins

importantes qui ont une signification musicale in-
dépendante, il est possible de faire toute sorte de
transpositions, mettant devant ce qui était derrière
ou *vice versa*, sans que la signification musicale en
soit modifiée. Et la raison en est que, dans la musique de Wagner, la signification réside dans les
mots et non dans la musique.

La partie musicale de ces drames de Wagner
me fait toujours penser au cas d'un de ces versi-
ficateurs habiles et vides, comme nous en avons
aujourd'hui une foule, qui formerait le projet
d'illustrer de ses vers une symphonie ou une
sonate de Beethoven, ou une ballade de Chopin.
Sur les premières mesures, d'un caractère spécial,
il écrirait des vers correspondant, suivant lui, au
caractère de ces mesures. Sur les mesures suivantes, d'un caractère différent, il écrirait d'autres
vers. Et cette nouvelle série de vers n'aurait aucun
rapport intime avec la première, et, en outre, tous
les vers n'auraient ni rythmes, ni rimes. Supposez
maintenant que ce poète récite, sans la musique,
les vers ainsi composés : vous aurez une image
exacte de ce qu'est la musique des opéras de
Wagner, quand on l'entend sans les paroles.

Mais Wagner n'est pas seulement un musicien,

c'est aussi un poète. Il faut donc, pour le juger, connaître aussi sa poésie, cette poésie à laquelle il prétend subordonner la musique. La principale de ses œuvres poétiques est l'*Anneau du Nibelung*. J'ai lu avec le plus grand soin les quatre livrets qui contiennent ce poème, et je ne saurais trop engager le lecteur à les lire, de façon à se faire une idée d'une œuvre, en effet, bien extraordinaire. C'est un modèle de contrefaçon artistique.

Mais on dit qu'il est impossible de juger les œuvres de Wagner si on ne les voit pas à la scène. La seconde *journée* de la Trilogie vient précisément d'être représentée à Moscou, l'hiver passé. C'est, m'a-t-on dit, la meilleure partie de tout l'ouvrage. Je suis donc allé la voir jouer ; et voici ce que j'ai vu.

Quand je suis arrivé, l'énorme salle était déjà remplie depuis le haut jusqu'en bas. Il y avait là des Grands-Ducs, et toute la fleur de l'aristocratie, du commerce, de la science, de l'administration et de la bourgeoisie moyenne. La plupart des auditeurs tenaient en main le livret, s'efforçant d'en pénétrer le sens. Je vis aussi beaucoup de musiciens, — quelques-uns âgés, des hommes aux cheveux

gris, — qui suivaient la musique sur une partition.
Évidemment, il s'agissait là d'une représentation
des plus considérables.

Je suis arrivé un peu en retard ; mais on m'a
assuré que le court prélude qui ouvrait la pièce
n'avait guère d'importance, et que je n'avais pas
beaucoup perdu à le manquer. Toujours est-il que,
lorsque j'entrai, un acteur était assis sur la scène,
dans un décor destiné à représenter une cave, et
qui, comme c'est toujours le cas, faisait d'autant
moins d'illusion qu'il était construit avec plus d'a-
dresse. L'acteur portait un maillot de tricot, un
manteau de peau, une perruque et une fausse
barbe, et, avec des mains blanches et fines, qui
révélaient le comédien, il forgeait une épée invraisemblable, à l'aide d'un marteau impossible, d'une
façon dont jamais personne n'a manié un marteau ; et en même temps, ouvrant la bouche d'une
façon non moins étrange, il chantait quelque chose
d'incompréhensible. Tout l'orchestre, pendant ce
temps, s'évertuait à accompagner les sons bizarres
qui sortaient de sa bouche.

Le livret m'apprit que cet acteur avait à représenter un puissant gnome, qui vivait dans une cave
et forgeait une épée pour Siegfried, l'enfant qu'il

avait élevé. Et en effet j'avais deviné qu'il représentait un gnome, car il ne manquait jamais, en
marchant, de plier les genoux pour se rapetisser.
Le gnome, donc, ouvrant toujours la bouche de la
même façon bizarre, continua longtemps à chanter ou à crier. La musique, cependant, suivait un
cours singulier : on avait l'impression de commencements qui ne continuaient ni ne finissaient. Le
livret m'apprit que le gnome se racontait à lui-même
l'histoire d'un anneau qu'un géant s'était approprié
et que le gnome désirait se procurer avec l'aide de
Siegfried : voilà pourquoi il lui forgeait une épée.

Après que ce monologue eut duré un très long
temps, j'entendis à l'orchestre d'autres sons, tout
différents des premiers, à cela près qu'ils me don-
nèrent l'impression, eux aussi, de commencements qui ne finissaient pas. Et en effet un autre
acteur ne tarda pas à apparaître, portant un cor
sur l'épaule, et accompagné d'un homme qui courait à quatre pattes, déguisé en ours. Cet homme
se jetait sur le gnome, qui s'enfuyait, toujours en
pliant les genoux. L'acteur qui portait le cor représentait le héros du drame, Siegfried. Les sons
émis par l'orchestre, avant son entrée, étaient destinés à représenter son caractère. On les appelle

le *leit-motiv* de Siegfried. Ces sons se trouvent répétés toutes les fois qu'apparaît Siegfried. Il y a ainsi
une combinaison fixe de sons, ou *leit-motiv*, pour
chacun des personnages ; et toutes les fois que le
personnage qu'il représente paraît en scène, l'orchestre répète son *leit-motiv*, et toutes les fois qu'une
allusion est faite à l'un des personnages, l'orchestre répète le *leit-motiv* de ce personnage. Tous les
objets aussi ont un *leit-motiv*. Il y a le *motif de*
l'anneau, le *motif du casque*, les *motifs du feu*, de la
lance, de l'*épée*, de l'*eau*, etc. ; et l'orchestre répète
ces motifs dès qu'une mention est faite de ces divers objets. Mais je reviens au récit de la représentation.

L'acteur portant le cor ouvre la bouche, d'une
façon aussi peu naturelle que le gnome, et continue longtemps, d'une voix chantante, à crier des
paroles ; et de la même manière Mime, le gnome,
lui répond. Le sens de cette conversation ne peut
être deviné que par la lecture du livret : on y
apprend que Siegfried a été élevé par le gnome, ce
qui fait qu'il le déteste, et cherche toujours à le
tuer. Le gnome a forgé une épée pour Siegfried,
mais celui-ci n'en est pas content. La conversation dure une bonne demi-heure, et occupe dix

pages du livret. Elle nous révèle que la mère de Siegfried l'a mis au monde dans un bois, que son père avait une épée, celle-là dont Mime tente de forger les morceaux, et que Mime veut empêcher le jeune homme de sortir du bois. J'ajouterai que, pendant cette conversation, à la moindre mention du père, de l'épée, etc., la musique ne manque jamais de faire entendre le *leit-motiv* de ces personnes et de ces choses.

Enfin la conversation s'arrête ; on entend une musique tout autre, — le *leit-motiv* du dieu Wotan ; et un voyageur apparaît. Ce voyageur est le dieu Wotan. Portant, lui aussi, une perruque et un maillot, le dieu, dressé dans une pose stupide avec une lance à la main, se met à raconter toute une histoire que Mime ne pouvait manquer de connaître à fond d'avance, mais que l'auteur a jugé nécessaire de faire connaître à ses auditeurs. Encore ne raconte-t-il pas cette histoire simplement, mais sous la forme d'énigmes qu'il se fait poser, s'engageant à sacrifier sa tête s'il ne devine pas la réponse. Et toutes les fois qu'il frappe le sol de sa lance, on voit sortir du feu, et l'on entend dans l'orchestre les *leit-motiv* de la lance et du feu. L'orchestre, d'ailleurs, accompagne la conversation d'une musique où se trouvent toujours habilement entremêlés les *leit-motiv* des personnes dont on parle.

Ces énigmes ont pour seul objet de nous apprendre ce que sont les gnomes, ce que sont les géants, ce que sont les dieux, et ce qui s'est passé dans les pièces précédentes. Pour compléter l'explication, Wotan pose à son tour trois énigmes; après quoi il s'en va, et Siegfried revient, et s'entretient encore avec Mime pendant treize pages du livret. On n'entend pas, durant tout ce temps, une seule mélodie entièrement développée : on n'entend rien qu'un entrelacement perpétuel des *leit-motiv* des personnes et des choses mentionnées. Mime dit qu'il veut enseigner à Siegfried la peur, et Siegfried répond qu'il ignore la peur. Enfin, les treize pages achevées, Siegfried saisit un des morceaux de ce qui est censé représenter l'épée brisée, le place sur ce qui est censé représenter l'enclume, et le forge, et chante : « Héaho, héaho, hoho! Hoho, hoho, hoho, hoho! Hohéo, haho, hahéo, hoho! » Et c'est la fin du premier acte.

Tout cela était si agaçant pour moi que j'avais peine à me tenir en place, et qu'aussitôt l'acte fini je voulus m'en aller. Mais les amis qui m'accompagnaient me demandèrent de rester. Ils me dirent qu'il était impossible de juger de la pièce par ce premier acte, et que le second, sans doute, me plairait davantage.

Je n'avais cependant plus rien à apprendre, touchant la question pour laquelle j'étais venu au théâtre. Sur la valeur artistique du drame de Wagner j'étais désormais aussi fixé que je l'avais été sur la valeur du roman de la dame, quand elle m'avait lu la scène entre la jeune fille aux cheveux flottants et le héros coiffé d'une plume à *la Guillaume Tell*. D'un auteur capable de composer des scènes comme celles-là, blessant tous les sentiments esthétiques, il n'y avait rien à espérer ; on pouvait être certain, sans en entendre davantage, que tout ce que cet auteur écrivait serait de mauvais art, puis qu'évidemment il ne savait pas ce que c'était qu'une œuvre d'art véritable. Mais autour de moi c'était une admiration, une extase générale ; et pour découvrir les causes de cette extase, je résolus d'entendre encore le deuxième acte.

Acte II. — Nuit. Puis l'aube. En général, d'ailleurs, toute la pièce est ornementée d'éclairs, nuages, clairs de lune, ténèbres, feux magiques, coups de tonnerre, etc...

La scène représente un bois, et dans le fond on aperçoit une cave. A l'entrée de la cave un nouvel acteur en maillot est assis, représentant un second gnome. Entre le dieu Wotan, toujours avec sa lance, et sous le costume d'un voyageur. De nouveau l'orchestre fait entendre son motif, uni, cette fois, à un motif du ton le plus bas possible. Ce motif de basse désigne le dragon. Wotan éveille le dragon : les mêmes sons de basse se répètent encore plus profonds. Le dragon commence par dire qu'il veut dormir ; mais il se décide ensuite à se montrer sur le seuil de la cave. Ce dragon est représenté par deux hommes. Il est vêtu d'une peau verte, écailleuse ; d'un côté il agite une grande queue de serpent, de l'autre il ouvre une gueule de crocodile, où l'on voit apparaître des flammes. Et ce dragon, — que sans doute on a voulu rendre terrible, et qui pourrait en effet effrayer des enfants de cinq ans, — a, pour parler, une voix d'une profondeur terrible. Tout cela est si stupide, si pareil à ce que l'on montre dans les baraques de la foire qu'on se demande comment des personnes âgées de plus de cinq ans peuvent y assister

sérieusement ; et cependant des milliers de personnes soi-disant cultivées y assistent, et voient et
écoutent tout cela avec une attention pieuse, et
sont ravies de plaisir.

On voit reparaître Siegfried, avec son cor, et
Mime aussi. L'orchestre fait naturellement entendre les *leit-motiv* qui les concernent ; et ils se
mettent à discuter la question de savoir si Siegfried
sait ou non ce que c'est que la peur. Puis Mime
s'en va, et une scène commence qui a l'intention
d'être éminemment poétique. Siegfried, toujours
en maillot, s'étend dans une pose destinée à nous
paraître belle ; et tour à tour il se tait ou se parle
à soi-même. Il rêve, écoute le chant des oiseaux,
désire les imiter. A cette intention, il coupe un
roseau avec son épée et s'en fait une flûte. L'aube
devient plus claire, les oiseaux chantent : Siegfried
tente d'imiter les oiseaux. Et la musique de l'orchestre imite le chant des oiseaux, sans omettre
pourtant de faire entendre les *leit-motiv* des personnes et des objets dont il est parlé. Et Siegfried,
ne pouvant parvenir à bien jouer de sa flûte, se
décide plutôt à jouer de son cor.

Toute cette scène est insupportable. De musique, c'est-à-dire d'un art nous transmettant un

sentiment éprouvé par l'auteur, il n'y en a pas la moindre trace dans tout cela. Et j'ajoute que jamais on n'a rien imaginé de plus anti-musical. C'est comme si on ressentait, indéfiniment, un espoir de musique, aussitôt suivi d'une déception. Des centaines de fois quelque chose de musical commence; mais ces commencements sont si courts, si encombrés de complications d'harmonie et de timbre, si chargés d'effets de contrastes, si obscurs et si vite arrêtés, et ce qui se passe sur la scène est d'une fausseté si invraisemblable, qu'on a de la peine même à percevoir ces embryons musicaux, à plus forte raison à en être émus. Et par-dessus tout, du commencement à la fin, dans chaque note, l'intention de l'auteur est si sensible que l'on ne voit et n'entend ni Siegfried, ni les oiseaux, mais seulement un Allemand aux idées étroites, un Allemand dénué de goût et de style, et qui, s'étant fait une conception grossière de la poésie, travaille à nous transmettre sa conception par les moyens les plus grossiers et les plus primitifs.

On sait quel sentiment de méfiance et de résistance naît toujours en présence d'une œuvre, d'une prédétermination trop évidente de l'auteur. C'est assez qu'un conteur nous dise d'avance : « Préparez vous à pleurer ou à rire! » pour que nous soyons assurés de ne pleurer ni de rire. Mais quand nous voyons qu'un auteur nous ordonne de nous émouvoir de ce qui n'est pas émouvant du tout, mais plutôt ridicule ou choquant, et quand nous voyons en outre que cet auteur a la pleine conviction de nous avoir conquis, nous éprouvons un sentiment pénible pareil à celui que nous inspirerait une vieille femme vêtue d'une robe de bal et coquetant avec nous. Telle fut l'impression que je ressentis durant cette scène, tandis qu'autour de moi je voyais une foule de trois mille personnes, qui non seulement assistaient sans se plaindre à ces absurdités, mais qui croyaient de leur devoir d'en être ravies.

Je me résignai cependant à entendre la scène suivante, où le monstre apparaît, avec accompagnement de ses notes de basse, entremêlées au *leit-motiv* de Siegfried; mais après le combat avec le monstre, et les mugissements, les feux, les agitations d'épée, etc., il me fut impossible d'en entendre davantage; et je m'enfuis du théâtre avec un sentiment de répulsion qu'aujourd'hui encore je ne puis oublier.

Et je pensais involontairement à un paysan, sage,

instruit, respectable, un de ces hommes vraiment religieux que je connais parmi nos paysans. Je me représentais la terrible perplexité qu'éprouverait un tel homme s'il devait assister à ce que je venais de voir. Que penserait-il, en apprenant combien de travail a été dépensé pour cette représentation, et en voyant cet auditoire, en voyant ces grands de la terre,—des hommes âgés, chauves, à barbe grise, des hommes qu'il avait été accoutumé à respecter, — en les voyant assis immobiles, pour regarder et pour entendre, six heures de suite, cet amas d'absurdités ?

Et cependant un auditoire énorme, l'élite des classes cultivées, assiste, six heures de suite, à cette absurde représentation ; et tout ce monde s'en va avec la conviction qu'en payant tribut à ces extravagances il a acquis un droit nouveau de se tenir pour « éclairé » et pour « avancé ».

Je parle là du public de Moscou, mais ce public n'est qu'une infime partie de celui qui, se considérant comme l'élite intellectuelle du monde, se fait un mérite d'avoir assez complètement perdu la faculté de l'émotion artistique pour pouvoir non-seulement assister sans révolte à cette farce stupide, mais même y prendre un extrême plaisir.

A Bayreuth, où cette pièce a été jouée pour la première fois, des personnes qui se considéraient comme l'élite du monde sont accourues des quatre coins du globe, ont dépensé des milliers de roubles chacune, pour voir jouer de telles choses ; et quatre jours de suite elles ont regardé et écouté, six heures durant, cette farce stupide.

Mais pourquoi ces personnes sont-elles allées à Bayreuth, et pourquoi continue-t-on à aller voir ces pièces, et pourquoi les admire-t-on ? C'est une question qui se présente fatalement. Comment expliquer le succès des ouvrages de Wagner ?

L'explication est très simple. Grâce à une situation exceptionnelle, ayant à sa disposition les ressources d'un roi, Wagner s'est trouvé en état de réunir toutes les méthodes inventées avant lui pour la contrefaçon de l'art ; et, maniant ces méthodes avec une habileté extrême, il a produit un modèle parfait de la contrefaçon de l'art. Et c'est pour cela que j'ai parlé si longuement de son œuvre : aucune autre que je connaisse ne me fait voir, aussi adroitement, aussi puissamment combinées, toutes les méthodes qui servent à contrefaire l'art, c'est-à-dire les emprunts, les ornements, les effets, et l'appel à la curiosité.

Depuis le sujet, pris aux vieilles légendes, jusqu'aux nuages, aux levers du soleil et de la lune, Wagner a fait emploi de tout ce qui est considéré comme poétique. Nous trouvons dans son œuvre la belle au bois dormant, et les nymphes, et les feux souterrains, et les gnomes, et les batailles, et les épées, et l'amour, et l'inceste, et un monstre, et des oiseaux qui chantent : l'arsenal du *poétique* y est au grand complet.

Ajoutez que tout y est beau. Les décors sont beaux, et les costumes, et les nymphes, et la walkyrie. Les sons eux-mêmes sont beaux. Car Wagner, qui était loin de manquer de talent, a inventé, — vraiment inventé, — pour accompagner son texte, des combinaisons de sons aussi belles d'harmonie que de timbre. Toute cette beauté est d'un ordre assez bas, et d'un goût fâcheux, comme les belles femmes qu'on voit peintes sur les affiches, ou comme de beaux officiers en grande tenue : mais tout cela est incontestablement beau.

En troisième lieu, tout est, au plus haut degré, saisissant et plein d'effet : les monstres, les feux magiques, les scènes dans l'eau, l'obscurité de la salle, l'invisibilité de l'orchestre, et puis des combinaisons harmoniques nouvelles, et, par là, frappantes.

Enfin tout est « intéressant ». L'intérêt ne réside pas seulement dans la question de savoir qui tuera et qui sera tué, et qui se mariera, et ce qui arrivera ensuite : l'intérêt réside en outre dans la relation de la musique au texte. Le mouvement des vagues du Rhin : comment la musique exprimera-t-elle cela ? Un gnome sensuel paraît en scène : comment la musique pourra-t-elle exprimer un gnome ? et comment exprimera-t-elle sa sensualité ? Comment la bravoure, ou le feu, ou un anneau, pourront-ils être exprimés par la musique ? Comment l'auteur pourra-t-il entremêler le *leit-motiv* des personnes qui parlent avec les *leit-motiv* des personnes et des choses dont il parle ? Et l'intérêt des ouvrages de Wagner ne s'arrête pas là. La musique, par elle-même, est encore un appel constant à notre curiosité. Elle s'écarte de toutes les lois acceptées avant elle, et elle produit les modulations les plus imprévues, des modulations tout à fait nouvelles (ce qui est non seulement possible, mais même facile à une musique qui s'est affranchie de toute loi organique). Les dissonances sont nouvelles, et sont résolues d'une façon nouvelle. Tout cela aussi est très intéressant.

Et ce sont ces éléments, l'appareil poétique, la beauté, l'effet, et l'intérêt, qui, grâce aux particularités du talent de Wagner et à celles de sa situation, se trouvent dans ses œuvres portés au plus haut degré de perfection; de telle sorte qu'ils hypnotisent le spectateur, comme vous seriez hypnotisés si vous écoutiez, plusieurs heures durant, les divagations d'un fou déclamées avec un grand pouvoir de rhétorique.

On me dit : « Vous ne sauriez juger de tout cela sans avoir vu les œuvres de Wagner à Bayreuth, dans la salle obscure, avec l'orchestre tout à fait caché, et une exécution impeccable! » Je veux bien l'admettre : mais cela prouve précisément qu'il ne s'agit pas ici d'art, mais d'hypnotisme. C'est exactement de même que parlent les spirites. Pour nous convaincre de la réalité de leurs apparitions, ils ne manquent pas de dire : « Vous ne pouvez pas en juger chez vous, venez à nos séances! » C'est-à-dire : « Venez, et restez assis, plusieurs heures de suite, dans le noir, avec des personnes à moitié folles, et renouvelez cette expérience une dizaine de fois, et vous verrez ce que nous voyons! »

Et comment ne le verrais-je pas? Placez-vous seulement dans de telles conditions, et vous verrez tout ce vous voudrez voir, encore que vous puissiez arriver bien plus sûrement à ce résultat en vous enivrant de vin ou d'opium. Et la même chose se produit pour l'audition des opéras de Wagner. Replongez-vous quatre jours de suite dans l'obscurité, en compagnie de personnes d'un état d'esprit anormal, et, par l'entremise de vos nerfs auditifs, soumettez votre cerveau à l'action puissante des sons les mieux faits pour l'exciter : vous ne pourrez manquer de vous trouver dans des conditions anormales, au point que les pires absurdités vous feront plaisir. Mais pour parvenir à ce résultat vous n'avez pas même besoin de quatre jours : les six heures que dure la représentation d'une des journées y suffisent. Que dis-je ? Une seule heure suffit pour des personnes qui n'ont aucune conception claire de ce que l'art devrait être, et qui ont décidé d'avance que ce qu'elles vont voir est excellent, et qui savent que d'être indifférent ou mécontent devant cette œuvre serait considéré de leur part comme une preuve d'infériorité et de manque de culture.

J'ai observé, à Moscou, l'auditoire de Siegfried.

Il y avait là des gens qui dirigeaient les autres et donnaient le ton : c'étaient des gens qui avaient déjà subi antérieurement l'action hypnotique de Wagner, et qui s'y laissaient aller de nouveau, en ayant pris l'habitude. Ces gens-là, se trouvant dans une condition d'esprit anormale, éprouvaient un ravissement parfait. A côté d'eux, il y avait les critiques d'art, hommes absolument dénués de la faculté d'être émus par l'art, et qui, en conséquence, sont toujours prêts à louer des œuvres comme celles de Wagner, où tout est affaire d'intelligence : aussi ne manquaient-ils pas de mettre toute la profondeur dont ils étaient capables à approuver une œuvre qui leur fournissait une si ample matière de ratiocinations. Et à la suite de ces deux groupes, marchait la grande foule des citadins, hommes indifférents à l'art, ou chez qui la capacité d'en être ému était pervertie et en partie atrophiée : et ceux-là se rangeaient servilement à l'opinion des princes, financiers et autres dilettantes qui, à leur tour, se rangent toujours de l'avis de ceux qui expriment leur opinion le plus haut et du ton le plus assuré. — « Oh ! quelle poésie ! comme c'est merveilleux ! surtout les oiseaux ! Oh ! oui, je suis vaincu ! » Ainsi s'exclame toute cette foule, répétant à l'envi ce qu'elle vient d'entendre affirmer par les hommes dont l'opinion lui paraît autorisée.

Et peut-être y a-t-il, malgré cela, des personnes qui se sentent choquées par l'absurdité et la vulgarité de ce soi-disant art nouveau ; mais celles-là se taisent, timidement, de même qu'un homme à jeun reste silencieux et timide quand il se voit entouré d'hommes ivres.

Et c'est ainsi que, grâce à la maîtrise prodigieuse avec laquelle elle contrefait l'art sans avoir rien de commun avec lui, une œuvre grossière, basse, et vide de sens se trouve admise par le monde entier, coûte, à représenter, des millions de roubles, et contribue, de plus en plus, à pervertir le goût des classes supérieures, les éloignant de plus en plus de l'art véritable.

CHAPITRE XIII

DIFFICULTÉ DE DISTINGUER L'ART VÉRITABLE DE SA CONTREFAÇON

Je sais que la plupart des hommes, même les plus intelligents, ont peine à reconnaître la vérité, même la plus simple et la plus évidente, si cette vérité les oblige à tenir pour fausses des idées qu'ils se sont formées, peut-être à grand'peine, des idées dont ils sont fiers, qu'ils ont enseignées à d'autres, et sur lesquelles ils ont fondé leur vie. Aussi n'ai-je que peu d'espoir que ce que je dis là de la perversion de l'art et du goût dans notre société soit admis de mes lecteurs, ou même pris sérieusement en considération. Et cependant je ne puis m'empêcher d'énoncer franchement la conclusion où m'ont fatalement conduit mes recherches sur le problème de l'art. Cette conclusion, c'est que ce que la plus grande partie de notre société regarde comme de l'art, comme de bon art, comme

le tout de l'art, loin d'être cela, n'est qu'une contrefaçon de l'art véritable. Cette conclusion va, je
le sais, sembler étrange et paradoxale; mais si seulement nous admettons que l'art est une activité
humaine par le moyen de laquelle certains hommes transmettent leurs sentiments à d'autres (et
non pas un culte de la Beauté, ni une manifestation de l'Idée, ni rien de pareil), nous serons
inévitablement contraints d'admettre cette conclusion comme en découlant. Si l'art est une activité
par laquelle un homme transmet ses sentiments
à d'autres, force nous est d'avouer que, de tout
ce que nous appelons l'art dans notre société, de
tous ces romans, contes, drames, tableaux, opéras,
ballets, etc., c'est à peine si la cent millième
partie procède d'une émotion sentie par l'auteur,
tout le reste n'étant que des contrefaçons de l'art,
où les emprunts, l'ornementation, les effets et
l'intérêt remplacent la contagion du sentiment.
J'ai lu quelque part qu'à Paris seulement le nombre des peintres dépasse vingt mille : il y en a
probablement autant en Angleterre, autant en
Allemagne, autant dans le reste des pays de l'Europe. C'est donc environ cent mille peintres qu'il
y a en Europe ; et sans doute on y trouverait aussi

cent mille musiciens, et cent mille littérateurs. Si ces trois cent mille individus produisent par an chacun trois œuvres, on peut compter chaque année près d'un million de soi-disant œuvres d'art. Et maintenant, combien y a-t-il de connaisseurs d'art qui soient impressionnés par ce million d'œuvres ? Sans parler des classes travailleuses, qui n'ont aucune idée de ces productions, c'est à peine si les hommes des classes supérieures même connaissent, de ces œuvres, une sur mille, et peuvent s'en rappeler une sur dix mille. C'est donc bien que toutes ces œuvres ne sont que des simulacres d'art, ne produisent que l'impression d'un passe-temps pour la foule des oisifs et des riches, et sont destinées à disparaître aussitôt produites.

La situation d'un homme de notre société qui voudrait découvrir une œuvre d'art véritable parmi la masse des œuvres qui ont la prétention d'être de l'art, cette situation ressemble à celle d'un homme que l'on conduirait durant des lieues le long d'une route toute pavée d'une mosaïque de pierreries artificielles, et qui voudrait reconnaître l'unique diamant, rubis ou topaze, véritable qu'il suppose pouvoir se trouver parmi ce million de contrefaçons.

Encore la difficulté de distinguer les œuvres d'art véritable se trouve-t-elle, de nos jours, accrue par ce fait que la qualité extérieure du travail dans les fausses œuvres d'art non seulement n'est pas pire, mais est souvent meilleure que dans les véritables : car la contrefaçon produit souvent plus d'effet que le vrai art, et ses sujets sont plus intéressants. Comment donc reconnaître le vrai art du faux? Comment distinguer d'un million d'œuvres faites à dessein pour imiter, une œuvre que sa forme extérieure n'en distingue pas?

Pour un homme dont le goût ne serait point perverti, cela serait aussi aisé que, pour un animal dont le flair n'a pas été perverti, il est aisé de suivre la trace qu'il suit, parmi cent autres dans une forêt. L'animal retrouve infailliblement sa trace. Et de même ferait l'homme, si ses qualités naturelles n'avaient pas été perverties. Il retrouverait infailliblement, parmi des milliers d'objets, la seule œuvre d'un art véritable, c'est-à-dire celle qui lui communique des sentiments particuliers et nouveaux. Mais il n'en va point de même avec ceux dont le goût a été perverti par leur éducation et leur manière de vivre. Chez ceux-là, le pouvoir naturel d'être ému par l'art se trouve atrophié, et dans leur évaluation des œuvres d'art ils sont forcés de se laisser guider par la discussion et l'étude, qui, toutes deux, achèvent encore de les dérouter. Et c'est ainsi que la plupart des hommes, dans notre société, sont absolument incapables de distinguer une œuvre d'art de sa plus grossière contrefaçon. Ces hommes se condamnent à rester assis des heures entières dans des théâtres pour entendre les pièces d'Ibsen, de Maeterlinck, ou de Hauptmann, ou de Wagner; ils croient de leur devoir de lire d'un bout à l'autre les romans de Zola, Huysmans, Bourget, ou Kipling, de regarder des tableaux représentant ou bien des choses incompréhensibles, ou des choses qu'ils peuvent voir beaucoup mieux dans la vie réelle; et surtout ils considèrent comme étant une nécessité pour eux d'être ravis de tout cela, s'imaginant que c'est là de l'art, tandis qu'au même moment des œuvres d'art véritable leur inspireront un parfait mépris, simplement parce que, dans leur cercle, ces œuvres ne sont point portées sur la liste des œuvres d'art.

Et ainsi, pour étrange que cela puisse paraître, j'affirme que parmi les hommes de notre société,

dont quelques-uns composent des vers, des romans, des opéras et des symphonies, peignent des
tableaux et sculptent des statues, et discutent,
condamnent, exaltent les productions les uns des
autres, que parmi tous ces hommes il y en a à
peine un sur cent qui connaisse le sentiment produit par une œuvre d'art, et distingue ce sentiment
des formes diverses de l'amusement et de l'excitation nerveuse qui passent, de nos jours, pour
des formes de l'art.

CHAPITRE XIV

LA CONTAGION ARTISTIQUE, CRITÉRIUM DE L'ART VÉRITABLE

Et cependant il y a un signe certain et infaillible pour distinguer l'art véritable de ses contrefaçons : c'est ce que j'appellerai la contagion artistique. Si un homme, sans aucun effort de sa part, reçoit, en présence de l'œuvre d'un autre homme, une émotion qui l'unit à cet autre homme, et à d'autres encore recevant en même temps que lui la même impression, c'est que l'œuvre en présence de laquelle il se trouve est une œuvre d'art. Et une œuvre a beau être belle, poétique, riche d'effets et intéressante, ce n'est pas une œuvre d'art si elle n'éveille pas en nous cette émotion toute particulière, la joie de nous sentir en communion d'art avec l'auteur et avec les autres hommes en compagnie de qui nous lisons, voyons, entendons l'œuvre en question.

Sans doute, c'est là un signe tout intérieur ; et sans doute les personnes qui n'ont jamais éprouvé l'impression produite par une œuvre d'art pourront s'imaginer que l'amusement et l'excitation nerveuse provoqués en elle par les contrefaçons de l'art constituent des impressions artistiques. Mais ces personnes sont comme les daltonistes, à qui rien ne saurait persuader que la couleur verte n'est pas la couleur rouge. Et en dehors d'elles, pour tout homme dont le goût n'a pas été perverti et atrophié, le signe que j'ai dit garde sa pleine valeur, permettant de distinguer nettement l'impression *artistique* de toutes les autres. La particularité principale de cette impression consiste en ceci, que l'homme qui la reçoit se trouve pour ainsi dire confondu avec l'artiste. Il lui semble que les sentiments qui lui sont transmis ne lui viennent pas d'une autre personne, mais de lui-même, et que tout ce que l'artiste exprime, lui-même depuis longtemps rêvait de l'exprimer. L'œuvre d'art véritable a pour effet de supprimer la distinction entre l'homme à qui elle s'adresse et l'artiste, comme aussi entre cet homme et tous les autres à qui s'adresse la même œuvre d'art. Et c'est dans cette suppression de toute séparation entre les hommes, dans cette union du public avec l'artiste, que consiste la vertu principale de l'art.

Éprouvons-nous ce sentiment en présence d'une œuvre? C'est que l'œuvre est de l'art. Ne l'éprouvons-nous pas, ne nous sentons-nous pas unis avec l'auteur, et avec les autres hommes à qui son œuvre s'adresse? C'est qu'il n'y a pas d'art dans cette œuvre. Et non seulement le pouvoir de contagion est le signe infaillible de l'art, mais le degré de cette contagion est l'unique mesure de l'excellence de l'art.

Plus la contagion est forte, plus l'art est véritable, en tant qu'art, indépendamment de son contenu, c'est-à-dire de la valeur des sentiments qu'il nous transmet.

Et le degré de contagion de l'art dépend de trois conditions: 1º du plus ou moins de singularité, d'originalité, de nouveauté des sentiments exprimés; 2º du plus ou moins de clarté dans l'expression de ces sentiments; 3º enfin de la sincérité de l'artiste, c'est-à-dire de l'intensité plus ou moins grande avec laquelle il éprouve lui-même les sentiments qu'il exprime.

Plus les sentiments sont singuliers et nouveaux, plus ils agissent sur celui à qui ils se transmettent. Celui-ci reçoit une impression d'autant plus vive qu'est plus singulier et plus nouveau l'état d'âme où il se trouve transporté.

La clarté avec laquelle sont exprimés les sentiments, en second lieu, détermine la contagion parce que, dans notre impression d'être unis avec l'auteur, notre satisfaction est d'autant plus grande que se trouvent plus clairement exprimés ces sentiments dont il nous semble que, depuis longtemps déjà, nous les éprouvons et que nous venons enfin de réussir à les exprimer.

Mais surtout c'est le degré de sincérité de l'artiste qui détermine le degré de la contagion artistique. Dès que le spectateur, l'auditeur, le lecteur devinent que l'artiste est lui-même ému par son œuvre, qu'il écrit, peint, joue pour lui-même, ils s'assimilent aussitôt les sentiments de l'artiste ; et, au contraire, dès que le spectateur, l'auditeur, le lecteur devinent que l'auteur ne produit pas son œuvre pour lui-même, et n'éprouve pas lui-même ce qu'il veut exprimer, aussitôt naît en eux un désir de résistance ; et ni la nouveauté du sentiment ni la simplicité de l'expression ne parviennent à leur donner l'émotion voulue.

Je parle là de trois conditions de la contagion artistique ; mais en réalité toutes les trois se réduisent à la dernière, qui exige que l'artiste éprouve pour son compte les sentiments qu'il exprime. Cette condition implique, en effet, la première puisque, si l'artiste est sincère, il exprimera son sentiment tel qu'il l'a éprouvé; et comme chaque homme diffère des autres, les sentiments de l'artiste seront d'autant plus nouveaux pour les autres hommes qu'il les aura puisés plus profondément en lui-même. Et, pareillement, plus l'artiste est sincère, plus il trouve à exprimer avec clarté le sentiment qui lui tient au cœur.

La sincérité est ainsi la condition essentielle de l'art. Cette condition est toujours présente dans l'art populaire; elle est presque entièrement absente de l'art de nos classes supérieures, où l'artiste a toujours en vue des considérations de profit, de convenance, ou d'amour-propre personnel.

Voilà donc par quel signe certain on peut distinguer l'art véritable de sa contrefaçon, et, en outre, mesurer le degré d'excellence de l'art en tant qu'art, indépendamment de son contenu, c'est-à-dire de la question de savoir s'il exprime de bons ou de mauvais sentiments. Mais un autre problème se pose maintenant : par quel signe distinguera-t-on, dans le contenu de l'art, ce qui est bon de ce qui est mauvais ?

CHAPITRE XV

LE BON ET LE MAUVAIS ART

L'art est, avec la parole, un des instruments de l'union des hommes, et, par suite, du progrès, c'est-à-dire de la marche en avant de l'humanité vers le bonheur. La parole permet aux hommes des générations nouvelles de connaître tout ce qu'ont appris, par l'expérience et la réflexion, les générations précédentes, ainsi que les plus sages des contemporains ; l'art permet aux hommes des générations nouvelles d'éprouver tous les sentiments qu'ont éprouvés les générations antérieures, ainsi que les meilleurs des contemporains. Et de même que procède l'évolution des connaissances, où sans cesse des connaissances plus réelles et plus utiles se substituent à d'autres moins réelles et moins utiles, de même aussi procède l'évolution des sentiments par le moyen de l'art. Aux sentiments inférieurs, moins bons et moins utiles pour le bonheur de l'homme, se substituent sans cesse des sentiments meilleurs, plus utiles à ce bonheur. Telle est la destination de l'art. Et, par conséquent, l'art est d'autant meilleur quant à son contenu qu'il remplit mieux cette destination ; il est d'autant moins bon qu'il la remplit moins bien.

Or, l'évaluation des sentiments, c'est-à dire la distinction de ceux qui sont bons d'avec ceux qui sont moins bons, au point vue du bonheur de l'homme, cette évaluation est l'œuvre de la *conscience religieuse* d'une époque.

A toutes les époques historiques, et dans toutes les sociétés, il y a une conception supérieure, — propre à cette époque, — du sens de la vie ; et c'est elle qui détermine l'idéal de bonheur vers lequel tendentcette époque et cette société. Cette conception constitue la conscience religieuse. Et cette conssience se trouve toujours clairement exprimée par quelques hommes d'élite, tandis que tout le reste de leurs contemporains la ressent avec plus ou moins de force. Il nous semble bien, parfois, que cette conscience manque dans certaines sociétés : mais en réalité ce n'est point qu'elle manque, c'est nous qui ne voulons pas la voir. Et souvent nous ne voulons pas la voir, surtout, parce qu'elle n'est point d'accord avec notre manière de vivre.

La conscience religieuse est, dans une société, comme le courant d'une rivière qui coule. Si la rivière coule, c'est qu'il y a un courant qui la fait couler. Et si la société vit, c'est qu'il y a une conscience religieuse qui détermine le courant que suivent, plus ou moins à leur insu, tous les hommes de cette société.

Ainsi, dans toute société, il y a toujours eu et il y aura toujours une conscience religieuse. Et c'est en conformité avec cette conscience religieuse qu'ont toujours été évalués les sentiments exprimés par l'art. C'est seulement sur la base de cette conscience religieuse de leur temps que les hommes ont pu mettre à part, dans la variété infinie du domaine de l'art, les sujets capables de produire des sentiments conformes à l'idéal religieux de leur temps. Et l'art qui exprimait de tels sentiments a toujours été hautement estimé ; tandis que celui qui traduisait des sentiments découlant de la conscience religieuse des époques antérieures, des sentiments usés, surannés, a toujours été dédaigné et délaissé. Et quant à tout cet art qui exprimait la variété infinie des autres sentiments de toute sorte,

celui-là n'était admis et encouragé que si les sentiments qu'il exprimait n'étaient pas contraires à la
conscience religieuse. Ainsi, par exemple, chez les
Grecs on isolait du reste, on approuvait et encou-
geait l'art qui exprimait les sentiments de la beauté,
de la force, de la virilité (Hésiode, Homère, Phidias), tandis que l'on condamnait et dédaignait
l'art qui traduisait des sentiments de sensualité
grossière, d'abaissement, et de tristesse. Chez les
Juifs, on admettait et on encourageait l'art qui
exprimait des sentiments de soumission envers le
Dieu des Juifs, tandis que l'on condamnait et dédaignait l'art qui exprimait des sentiments d'idolâtrie; et tout le reste de l'art, récits, chants, ornements des maisons, vases, vêtements, pourvu que
cela ne fût pas contraire à la conscience religieuse,
n'était ni condamné, ni encouragé. Ainsi l'art,
toujours et partout, se trouvait évalué d'après son
contenu; ainsi il devrait toujours être évalué,
attendu que cette façon de considérer l'art découle
de l'essence même de la nature humaine, et que
cette essence est à jamais invariable.

Je n'ignore pas que, suivant une opinion répandue dans notre temps, la religion est un préjugé
dont l'humanité s'est enfin affranchie; et il résul-

terait de là qu'il n'existe pas dans notre temps de conscience religieuse commune à tous les hommes, et pouvant ainsi servir de base à une évaluation de l'art. Et je sais aussi que cette opinion passe pour être celle des classes les plus cultivées de notre société. Des hommes qui, ne voulant pas reconnaître le sens véritable du Christianisme, inventent toute espèce de doctrines philosophiques et esthétiques pour cacher à leurs propres yeux la déraison et la bassesse de leur vie, ces hommes-là ne peuvent pas avoir d'autre opinion. Sincèrement ou non ils confondent l'idée d'un culte religieux avec celle d'une conscience religieuse ; et, rejetant le culte, ils s'imaginent rejeter du même coup la conscience religieuse. Mais toutes ces attaques contre la religion, et toutes ces tentatives d'établir une philosophie contraire à la conscience religieuse de notre temps, tout cela prouve assez clairement l'existence de cette conscience, et qu'elle accuse la vie des hommes qui l'attaquent, et la contredit.

S'il y a dans l'humanité un progrès, c'est-à-dire une marche en avant, il faut nécessairement que quelque chose soit qui désigne aux hommes la direction à suivre dans cette marche. Or tel a toujours été le rôle des religions. Toute l'histoire nous montre que le progrès de l'humanité s'est fait, de tout temps, sous la conduite d'une religion. Et comme le progrès ne s'arrête pas, comme par suite il doit s'accomplir même dans notre temps, c'est donc que notre temps a aussi une religion propre. Et si notre temps, comme tous les autres, a sa religion, c'est sur le fondement de cette religion que doit être évalué notre art ; et celles-là seules des œuvres d'art doivent être estimées et encouragées qui découlent de la religion de notre temps, tandis que toutes les œuvres contraires à cette religion doivent être condamnées, et que tout le reste de l'art doit être traité avec indifférence.

Or, la conscience religieuse de notre temps, d'une façon générale, consiste à reconnaître que notre bonheur, matériel et spirituel, individuel et collectif, actuel et permanent, réside dans la fraternité de tous les hommes, dans notre union pour une vie commune. Cette conscience non seulement se trouve affirmée, sous les formes les plus diverses, par les hommes de notre temps, mais c'est elle encore qui sert de fil conducteur à tout le travail de l'humanité, travail qui a pour objet, d'une part, la suppression de toutes les barrières physiques et morales s'opposant à l'union des hommes, et, d'autre part, l'établissement de principes communs à tous les hommes et pouvant les unir tous dans une même fraternité universelle. C'est donc sur le fondement de cette conscience religieuse que nous devons évaluer toutes les manifestations de notre vie, et, parmi elles, notre art : mettant à part du reste, dans les produits de cet art, ceux qui expriment des sentiments en accord avec cette conscience religieuse, et rejetant et condamnant tous ceux qui sont contraires à cette conscience.

La faute principale qu'ont commise les classes supérieures de la société, au temps de la soi-disant Renaissance, et que nous continuons à commettre depuis lors, cette faute ne consiste pas autant dans ce que l'homme a cessé d'apprécier la signification de l'art religieux que dans ce que, à la place de cet art religieux disparu, il a établi un art indifférent, n'ayant pour objet que le simple divertissement, et qui ne méritait en aucune façon d'être ainsi apprécié et encouragé.

Un des Pères de l'Église disait que le pire malheur, pour les hommes, n'est pas qu'ils ignorent

Dieu, mais qu'à la place de Dieu ils aient mis ce qui n'est pas Dieu. Le cas est le même pour l'art. Le pire malheur des classes supérieures de notre temps n'est pas qu'elles manquent d'un art religieux, mais bien que, au rang supérieur où ne méritait d'être admis que ce seul art, seul important et digne d'être encouragé, elles ont élevé un art indifférent, ou même le plus souvent funeste, ayant pour objet de divertir quelques hommes, et, par cela même, contraire à ce principe chrétien de l'union universelle qui fait le fond de la conscience religieuse de notre temps.

Sans doute, l'art qui satisferait les aspirations religieuses de notre temps ne saurait avoir rien de commun avec les arts des époques antérieures ; mais cette différence n'empêche pas que l'idéal de l'art religieux de notre temps ne soit parfaitement clair et défini pour tout homme qui réfléchit, et qui ne se détourne pas à dessein de la vérité. Dans les époques antérieures, où la conscience religieuse n'unissait encore qu'un seul groupe d'hommes, — les citoyens juifs, athéniens, ou romains, — les sentiments exprimés par l'art de ces époques découlaient du désir de puissance, de grandeur, de gloire, de ces groupes particuliers, et l'art pouvait

même prendre pour héros des hommes qui faisaient servir au bien de leur groupe la violence ou
la ruse (Ulysse, Hercule, et en général les héros
anciens). La conscience religieuse de notre époque, au contraire, n'admet point de groupes séparés entre les hommes, mais exige l'union de
tous les hommes sans exception, et au-dessus de
toutes les autres vertus elle place l'amour fraternel
de l'humanité entière ; et, par suite, les sentiments
que doit exprimer l'art de notre temps non seulement ne peuvent coïncider avec ceux des arts antérieurs, mais se trouvent forcément à l'opposé
de ceux-là.

Et si jamais, jusqu'à présent, un art chrétien,
vraiment chrétien, n'a pu se constituer, cela vient
précisément de ce que la conception religieuse
chrétienne n'a pas été un de ces petits pas en
avant, comme en fait sans cesse l'humanité, mais
une révolution énorme, destinée à modifier de
fond en comble, tôt ou tard, la façon de vivre des
hommes et leurs sentiments intérieurs. La conception chrétienne a donné une direction différente
et nouvelle à tous les sentiments de l'humanité ;
et par suite elle ne pouvait manquer de modifier
de fond en comble et la matière, et la signification

de l'art. Il a été possible aux Grecs de tirer profit de l'art des Perses, et aux Romains de celui des Grecs, comme aussi aux Juifs de celui des Égyptiens, la base de leurs idéals étant la même. L'idéal des Perses; en effet, était la grandeur et la prospérité des Perses; celui des Grecs, la grandeur et la prospérité des Grecs. Un seul et même art pouvait ainsi se transporter dans des conditions nouvelles, et convenir à de nouvelles nations. Mais l'idéal chrétien, au contraire, a modifié, renversé tous les autres de telle sorte que, comme il est dit dans l'Évangile, « ce qui était grand devant les hommes est devenu tout petit devant Dieu ». Cet idéal n'a plus consisté dans la puissance, comme celui des Égyptiens, ni dans la richesse, comme celui des Phéniciens, ni dans la beauté, comme celui des Grecs, mais dans l'humilité, la résignation, et l'amour. Le héros, désormais, n'a plus été le riche, mais Lazare le mendiant. Marie l'Égyptienne a paru digne d'être admirée non pas à l'époque de sa beauté, mais à celle de sa pénitence. Ce n'est pas l'accumulation des richesses qu'on a célébrée comme une vertu, mais le renoncement aux richesses. Et l'objet suprême de l'art n'a plus été la glorification du succès, mais la représentation d'une âme humaine si pénétrée d'amour qu'elle permettait au martyr de plaindre et d'aimer ses persécuteurs.

Et ainsi s'explique que le monde chrétien ait tant de peine à se dégager de l'art païen où il s'est habitué. Le contenu de l'art religieux chrétien est pour les hommes chose si nouvelle, si différente du contenu des arts antérieurs, qu'ils ont volontiers l'impression que cet art chrétien est la négation de l'art, et qu'ils s'attachent désespérément à leur ancienne conception artistique. Et voici que, d'autre part, cette conception ancienne, n'ayant plus désormais sa source dans notre conscience religieuse, a perdu pour nous toute sa signification, de sorte que, bon gré mal gré, nous sommes forcés de nous en détacher.

L'essence de la conscience chrétienne consiste en ce que tout homme reconnaît sa filiation divine, et, comme conséquence de cette filiation, l'union de tous les hommes avec Dieu et entre eux, suivant que cela est dit dans l'Évangile (Jean, XVII, 21); et il en résulte que la seule véritable matière de l'art chrétien, ce doivent être tous les sentiments qui réalisent l'union des hommes avec Dieu et entre eux.

Ces mots *l'union des hommes avec Dieu et entre eux*, pour obscurs qu'ils puissent paraître à des esprits prévenus, ont cependant un sens parfaitement clair. Ils signifient que l'union chrétienne ; en opposition avec l'union partielle et exclusive de quelques hommes seulement, unit entre eux tous les hommes sans exception.

Or c'est la propriété essentielle de l'art, de tout art, d'unir les hommes entre eux. Tout art a pour effet que les hommes qui reçoivent le sentiment transmis par l'artiste se trouvent par là unis, d'abord, avec l'artiste lui-même, et, en second lieu, avec tous les autres hommes qui reçoivent la même impression. Mais l'art non-chrétien, en unissant entre eux quelques hommes, isole ces hommes, par là même, du reste de l'humanité, de telle façon que cette union partielle est souvent une cause d'éloignement à l'égard d'autres hommes. L'art chrétien, au contraire, est celui qui unit tous les hommes sans exception. Et il peut atteindre ce but de deux façons : ou bien en évoquant chez tous les hommes la conscience de leur parenté avec Dieu et entre eux ; ou bien encore en évoquant chez tous les hommes un même sentiment, si simple soit-il, pourvu qu'il ne fût pas contraire au christianisme, et pût s'étendre à tous les hommes sans exception. Seuls ces deux ordres de sentiments peuvent former, dans notre temps, la matière de l'art *bon*, quant au contenu.

Il peut donc y avoir, aujourd'hui, deux sortes d'art chrétien : 1º l'art qui exprime des sentiments découlant de notre conception religieuse, c'est-à-dire de la conception de notre parenté avec Dieu et avec tous les hommes; et 2º l'art qui exprime des sentiments accessibles à tous les hommes du monde entier. La première de ces deux formes est celle de l'art *religieux*, au sens étroit du mot; la seconde celle de l'art *universel*.

L'art religieux lui-même peut se diviser en deux parties : un art supérieur et un art inférieur. L'art religieux supérieur est celui qui exprime directement et immédiatement des sentiments découlant de l'amour de Dieu et de l'amour du prochain; l'art religieux inférieur est celui qui exprime des sentiments de mécontentement, de déception, de mépris pour tout ce qui est contraire à l'amour de Dieu et du prochain.

Et l'art universel, de la même façon, peut aussi se diviser en art supérieur, accessible à tous les hommes toujours et partout, et en art inférieur, accessible seulement à tous les hommes d'une certaine nation et d'une certaine époque.

La première de deux grandes formes de l'art, celle de l'art religieux, supérieur ou inférieur, se manifeste surtout dans la littérature, et parfois aussi dans la peinture et la sculpture ; la seconde forme, celle de l'art universel, exprimant des sentiments accessibles à tous, peut s'exprimer et dans la littérature, et dans la peinture, et dans la sculpture, et dans la danse, et dans l'architecture, mais tout particulièrement dans la musique.

Que si l'on me demandait maintenant de désigner, dans l'art moderne, des modèles de chacune de ces formes de l'art, et d'abord des modèles de l'art religieux, tant supérieur qu'inférieur, j'indiquerais surtout, parmi les contemporains, Victor Hugo, avec ses *Misérables* et ses *Pauvres gens ;* j'indiquerais encore tous les romans et toutes les nouvelles de Dickens, les *Deux Villes*, le *Carillon de Noël*, etc. ; j'indiquerais la *Case de l'oncle Tom*, et les œuvres de Dostoïewsky, surtout sa *Maison des Morts*, et *Adam Bede* de Georges Éliot.

Dans la peinture contemporaine, chose étrange à dire, c'est à peine s'il existe des œuvres d'art de cette espèce, traduisant le sentiment chrétien de l'amour de Dieu et du prochain; ou ce qui en existe ne se trouve guère que chez des peintres médiocres. Il y a bien, et en très grand nombre, des tableaux évangéliques; mais tous ne sont que des représentations historiques, restituées avec plus ou moins de détails; aucun n'exprime, et ne saurait exprimer, ce sentiment religieux qui manque à leurs auteurs. Il y a aussi bon nombre de tableaux exprimant les sentiments personnels de certains peintres. Mais des tableaux exaltant le renoncement à soi-même et la charité chrétienne, je n'en connais pas. Tout au plus si, de temps à autre, se trouve, dans l'œuvre de quelque peintre inférieur, un tableau exprimant des sentiments de bonté et de compassion. D'autres tableaux, d'un genre voisin, nous représentent avec sympathie et respect la vie des gens qui travaillent. Tels l'*Angelus* de Millet ou son *Homme à la houe;* tels encore certains tableaux de Jules Breton, de Lhermitte, de Defregger, etc.. Je pourrais citer aussi quelques tableaux relevant de ce que j'ai appelé l'art religieux inférieur, c'est-à-dire provoquant en nous la haine de ce qui est contraire à l'amour de Dieu et du prochain : ainsi le *Tribunal* du peintre Gay.

Mais ces tableaux-là aussi sont très rares. Le souci de la technique et de la beauté obscurcit le plus souvent le sentiment chez les peintres. Le célèbre tableau de Gérôme, *Pollice verso*, par exemple, n'exprime pas l'horreur du sujet qu'il représente, mais plutôt le plaisir de l'artiste à peindre un beau spectacle.

Mais j'aurais plus de peine encore à désigner, dans l'art contemporain, des modèles de la seconde forme de l'art, celle qui exprime des sentiments accessibles à tous les hommes, ou même seulement à un peuple entier. Il y a bien des œuvres qui, par la nature de leurs sujets, pourraient être rangées dans cette catégorie : par exemple, *Don Quichotte*, les comédies de Molière, le *Pickwick Club* de Dickens, les récits de Gogol, de Pouchkine, quelques-uns de ceux de Maupassant, voire les romans de Dumas père; mais toutes ces œuvres expriment des sentiments si particuliers, et font tant de place aux particularités de temps et de lieu, et surtout ont un fond si pauvre, qu'elles ne sont guère accessibles qu'aux hommes d'une époque très restreinte, et ne sauraient soutenir la comparaison avec les chefs-d'œuvre de l'art universel d'autrefois. Voyez, par exemple, l'histoire de Joseph, le fils de Jacob. Des frères de Joseph le vendant à des marchands, par jalousie de sa faveur auprès de son père ; la femme de Putiphar voulant séduire Joseph ; celui-ci pardonnant à ses frères, et tout le reste : ce sont là des sentiments accessibles et au paysan russe, et au Chinois, et à l'Africain, et à l'enfant et au vieillard, et au lettré et à l'illettré ; et tout cela est écrit si sobrement, sans particularités inutiles, que vous pouvez transporter l'histoire dans tout autre milieu qui vous plaira sans qu'elle perde rien de sa clarté et de son pathétique. Combien sont différents les sentiments de Don Quichotte ou des héros de Molière, encore que Molière soit le plus universel, et par suite le plus grand des artistes de l'art moderne ! Et combien plus différents encore les sentiments de Pickwick ou des héros de Gogol ! Ces sentiments sont d'une espèce si particulière que, pour leur donner leur effet, les auteurs ont dû les surcharger de détails de temps et de lieu. Et cette surabondance de détails les rend inaccessibles à tout homme vivant dans des milieux différents de celui que décrit l'auteur.

L'auteur de l'histoire de Joseph n'a pas jugé nécessaire de nous décrire minutieusement, comme on le ferait aujourd'hui, la robe ensanglantée de

Joseph, ni le costume de Jacob et la maison qu'il habitait, ni la toilette de la femme de Putiphar. Les sentiments exprimés dans cette histoire sont si forts que tous les détails de ce genre y paraîtraient superflus, et nuiraient à l'expression de ces sentiments. L'auteur n'a retenu que les traits indispensables, comme par exemple quand il nous dit que Joseph, retrouvant ses frères, est allé dans une chambre voisine pour pleurer. Et c'est grâce à cette absence des détails inutiles que son récit est accessible à tous les hommes, qu'il émeut les hommes de toutes les nations, de tous les âges, de toutes les conditions, qu'il est parvenu jusqu'à nous à travers les siècles, et qu'il nous survivra des milliers d'années. Essayez, au contraire, de dégager de leurs détails accessoires les meilleurs romans de notre temps, et voyez ce qui en restera!

Ainsi ne saurait-on guère trouver, dans la littérature moderne, d'œuvre satisfaisant pleinement aux conditions de l'universalité. Et les quelques œuvres qui, par leur contenu, pourraient satisfaire à cette condition, sont le plus souvent gâtées par ce qu'on appelle le *réalisme*, et qu'on pourrait appeler plutôt le *provincialisme* de l'art.

La même chose se produit dans la musique, et

pour les mêmes raisons. Par suite de l'appauvrissement du fond, c'est-à-dire des sentiments, les mélodies des musiciens modernes sont d'un vide navrant. Et pour renforcer l'impression de ces mélodies trop vides, les musiciens s'ingénient à les surcharger d'une foule d'harmonies et de modulations compliquées, qui ne sont compréhensibles qu'à un petit cercle d'initiés, à une certaine école musicale. La mélodie, toute mélodie, est libre et peut être comprise de tout le monde ; mais dès qu'elle se trouve liée à une certaine harmonie, elle n'est plus accessible qu'aux hommes familiarisés avec cette harmonie ; elle devient étrangère non seulement aux hommes des autres nations, mais encore à tous ceux, parmi les compatriotes de l'auteur, qui ne sont pas accoutumés, comme lui, à certaines formes du développement musical.

A l'exception des marches et des danses, qui expriment des sentiments inférieurs, mais vraiment communs à la masse des hommes, très restreint est le nombre des œuvres qui répondent à notre définition de l'art universel. Je citerai, par exemple, le célèbre *Aria* de Bach, le *Nocturne en mi bémol majeur* de Chopin, et une dizaine de passages choisis dans les œuvres de Haydn, de Mozart, de Weber, de Beethoven, et de Chopin (1).

Dans la peinture aussi le même phénomène se produit; et comme les littérateurs et les musiciens, les peintres suppléent à l'indigence du sentiment par la profusion des accessoires, restreignant ainsi la portée de leurs œuvres. Et cependant le nombre est beaucoup plus grand, en peinture que dans les autres arts, d'œuvres satisfaisant aux conditions de l'universalité, c'est-à-dire exprimant des sentiments accessibles à tous les hommes. Portrait, paysage, peinture de genre, je pourrais nommer

(1) En citant ces titres des œuvres d'art que je tiens pour les meilleures d'à présent, je suis loin de prétendre à porter sur ces œuvres un jugement définitif : car non seulement je n'ai pas l'expérience qu'il faudrait pour pouvoir apprécier toutes les productions artistiques, mais encore j'appartiens moi-même à l'espèce des hommes dont le goût a de bonne heure était dépravé par une mauvaise éducation. Aussi est-il fort possible que, avec mes vieilles habitudes qui me sont devenues naturelles, je me trompe sur plus d'un point, en attribuant une valeur artistique supérieure à des impressions qui me sont familières depuis l'enfance. Mais si j'énumère ainsi certaines œuvres de catégories diverses, c'est simplement pour mieux expliquer ma pensée, et pour mieux faire voir comment je comprends aujourd'hui la perfection en art. Et je dois ajouter en outre que je range dans la catégorie du *mauvais art* toutes mes propres œuvres artistiques, à l'exception du conte *Dieu voit la Vérité*, dont j'ai eu l'intention de faire une œuvre d'art religieux, et à l'exception de mon récit *Au Caucase*, qui me paraît appartenir à la seconde des catégories que je tiens pour valables.

une foule d'œuvres des peintres modernes, et même contemporains, qui expriment des sentiments tels que tous les hommes sont en état de les comprendre.

En résumé, il n'y a que deux sortes d'art chrétien, c'est-à-dire d'art qui doive être aujourd'hui considéré comme bon ; et tout le reste, toutes les œuvres qui ne rentrent pas dans ces deux catégories, doivent être considérées comme de mauvais art, qui non seulement ne mérite pas d'être encouragé, mais qui mérite, au contraire, d'être condamné et méprisé, n'ayant point pour effet d'unir mais de séparer les hommes. Tel est le cas, en littérature, des drames, romans et poèmes qui expriment des sentiments exclusifs, propres à la seule classe des riches et des oisifs, des sentiments d'honneur aristocratique, de pessimisme, de corruption et de perversion de l'âme, résultant de l'amour sexuel. En peinture, on devrait tenir pour mauvaises toutes les œuvres qui représentent les plaisirs et les amusements de la vie riche et oisive, et aussi toutes les œuvres symbolistes, où le sens des symboles n'est accessible qu'à un petit cercle de personnes ; et surtout les œuvres représentant des sujets voluptueux, toutes ces nudités scandaleuses qui remplissent aujourd'hui les musées et les expositions. Et à la même catégorie d'œuvres mauvaises et condamnables appartient toute la musique de notre temps, cette musique qui n'exprime que des sentiments exclusifs, et n'est accessible qu'à des hommes d'un goût dépravé. Toute notre musique d'opéra et de chambre, à commencer par Beethoven, la musique de Schumann, Berlioz, Liszt, Wagner, toute consacrée à l'expression de sentiments que ceux-là seuls peuvent comprendre qui ont développé en eux une sensibilité nerveuse d'ordre maladif, toute cette musique, à de rares exceptions près, relève de cet art qu'on doit tenir pour mauvais.

— Comment! va-t-on s'écrier, la neuvième symphonie relève de la catégorie du mauvais art!

— Sans aucun doute! répondrai-je. Tout ce que j'ai écrit et qu'on vient de lire, je l'ai écrit seulement pour arriver à établir un critérium clair et raisonnable, permettant de juger de la valeur des œuvres d'art. Et maintenant ce critérium me prouve de la façon la plus évidente que la neuvième symphonie de Beethoven n'est pas une bonne œuvre d'art. Je comprends, d'autre part,

que cela paraisse étrange et surprenant à des
hommes élevés dans l'adoration de certaines
œuvres et de leurs auteurs. Mais ne faut-il pas
cependant que je m'incline devant la vérité telle
que me l'indique ma raison ?

La neuvième symphonie de Beethoven passe
pour une des plus grandes œuvres de l'art. Pour
me rendre compte de ce qui en est au juste, je me
pose avant tout la question suivante : cette œuvre
exprime-t-elle un sentiment religieux d'un ordre
supérieur ? Et je réponds aussitôt par la négative,
puisque la musique, en aucun cas, ne saurait
exprimer de pareils sentiments. Je me demande
ensuite : cette œuvre, faute de pouvoir appartenir
à la catégorie supérieure de l'art religieux, pos-
sède-t-elle du moins la seconde qualité de l'art
véritable de notre temps, à savoir : d'unir tous les
hommes dans un même sentiment ? Et cette fois
encore je ne puis répondre que négativement : car
d'abord je ne vois pas que les sentiments exprimés par cette symphonie puissent aucunement unir
les hommes qui n'ont pas été spécialement élevés,
préparés, à subir cette hypnotisation artificielle ; et,
de plus, je n'arrive pas à me représenter une foule
d'hommes normalement constitués qui puissent

comprendre quoi que ce soit à cette œuvre énorme et compliquée, sauf pour de courts passages, noyés dans un océan d'incompréhensibilité. Et ainsi, bon gré mal gré, force m'est de conclure que cette œuvre relève de ce qui est pour moi le mauvais art. Par un phénomène curieux, le poème de Schiller, introduit dans la dernière partie de cette symphonie, énonce, sinon clairement, du moins expressément, cette pensée : que le sentiment (Schiller ne parle, à dire vrai, que du sentiment de la joie) unit tous les hommes et fait naître en eux l'amour. Mais outre que ce poème n'est chanté qu'à la fin de la symphonie, la musique de la symphonie entière ne répond nullement à la pensée exprimée par Schiller, car c'est une musique tout à fait particulariste, n'unissant point tous les hommes, mais seulement quelques hommes, qu'elle contribue par là à isoler du reste de l'humanité.

Telle est, à mon avis, la manière dont on doit procéder, pour savoir si une œuvre qui passe pour être une œuvre d'art est vraiment une œuvre d'art, ou en est une simple contrefaçon ; et pour savoir, ensuite, si une œuvre d'art véritable est bonne ou

mauvaise, quant à son contenu, c'est-à-dire mérite
d'être encouragée ou ne mérite que d'être méprisée.
Et c'est seulement en procédant de cette manière
que nous aurons une possibilité de discerner,
parmi la masse des prétendues œuvres d'art de
notre temps, les quelques œuvres qui constituent
en effet pour l'âme un aliment réel, important,
nécessaire, tandis que tout le reste n'est que de
l'art inutile ou nuisible, ou encore est une simple
contrefaçon de l'art. C'est seulement en procédant
de cette manière que nous serons en état d'échapper aux conséquences pernicieuses du mauvais art,
et de jouir de ces conséquences bienfaisantes, indispensables pour notre vie spirituelle, qui résul-
tent de l'art bon et véritable, et qui constituent sa
destination.

CHAPITRE XVI

L'art est un des deux organes du progrès de l'humanité. Par la parole, l'homme échange sa pensée, par l'art, il échange ses sentiments avec tous les hommes non seulement de son temps, mais des générations présentes et futures. Et il est dans la nature de l'homme de se servir de ces deux organes, de telle sorte que la perversion de l'un d'entre eux ne peut manquer d'entraîner des conséquences funestes pour la société où elle se produit.

Les conséquences de cette perversion peuvent être de deux sortes : c'est d'abord l'inaptitude de la société à réaliser les actes qui devaient être réalisés par l'organe perverti ; et c'est, en second lieu, un mauvais fonctionnement de l'organe perverti. Or ces deux sortes de conséquences se sont produites toutes deux dans notre société. L'organe de l'art se trouvant perverti, la société des classes supérieures a été privée de toutes les actions que cet organe avait pour fonction d'accomplir. En se propageant parmi nous dans des proportions énormes, des contrefaçons de l'art, destinées uniquement à amuser et à distraire les hommes, et, à côté d'elles, des œuvres plus artistiques, mais d'un art particulier, exclusif, inutile ou nuisible, ont atrophié ou dénaturé, chez la plupart des hommes de notre société, la faculté de ressentir la contagion des vraies œuvres d'art ; et par là notre société s'est trouvée empêchée d'éprouver ces sentiments supérieurs, vers lesquels a toujours tendu l'humanité, et que seul l'art pouvait transmettre aux hommes.

Tout ce qui s'est fait de bon dans l'art, tout cela reste étranger pour une société privée du moyen d'être émue par l'art; et à la place de cela, cette société admire de mensongères contrefaçons, ou un art inutile et vain, qu'elle se plaît à tenir pour très important. Les hommes de notre temps et de notre société admirent, en poésie, les Baudelaire, les Verlaine, les Moréas, les Ibsen et les Maeterlinck; en peinture, les Manet, les Monet, les Puvis de

Chavannes, les Burne-Jones, les Bœcklin et les Stuck ; en musique, les Wagner, les Liszt et les Richard Strauss : mais l'art véritable, je ne dis pas le plus élevé, mais même le plus simple, ils sont absolument incapables de le comprendre.

Et il en résulte que, dans nos classes supérieures, privées ainsi de la faculté de subir la contagion des œuvres d'art, les hommes croissent, s'élèvent, et vivent sans subir l'action adoucissante, améliorante de l'art ; et de là vient cet autre résultat fatal, que non seulement ils ne s'efforcent pas vers le bien et la perfection, mais que, au contraire, avec tout le développement de leur soi-disant civilisation, ils deviennent sans cesse plus sauvages, plus grossiers, et d'un cœur plus dur.

Telle est la conséquence de l'absence, dans notre société, de la fonction qu'est chargé d'accomplir l'organe indispensable de l'art. Mais les conséquences qui découlent du mauvais fonctionnement de cet organe sont plus funestes encore ; et leur nombre est grand.

La première de ces conséquences saute aux yeux. C'est l'énorme dépense de travail humain pour des œuvres non seulement inutiles, mais le plus

souvent nuisibles : une dépense de travail et de vie
sans aucun profit pour la compenser. On frémit à
la pensée de toutes les fatigues et de toutes les
privations qu'endurent des millions d'hommes, à
la seule fin d'imprimer pendant douze, quatorze
heures par jour des livres soi-disant artistiques,
n'ayant pour effet que de répandre la dépravation
parmi les hommes, ou encore afin de répandre
cette dépravation par le moyen des théâtres, des
concerts, des expositions. Mais ce qui est plus
affreux encore, c'est de penser que des enfants,
beaux, pleins de vie, doués pour le bien, sont sa-
crifiés dès au sortir du berceau, les uns pour jouer
des gammes, durant six, huit, dix heures par jour,
les autres pour danser sur leurs pointes, d'autres
pour chanter le solfège, d'autres pour dessiner
d'après l'antique, d'après le nu, ou encore pour
écrire des phrases vides de sens d'après les règles
d'une certaine rhétorique. D'année en année les
malheureux vont perdant, à ces exercices meur-
triers, toutes leurs forces physiques et intellectuel-
les, toute leur aptitude à comprendre la vie. On
parle beaucoup de l'horrible et lamentable spectacle que c'est de voir de petits acrobates qui se
passent les jambes autour du cou : mais n'est-ce

pas un spectacle plus sinistre encore de voir des
enfants de dix ans qui donnent des concerts, et surtout de voir des collégiens de dix ans qui savent
par cœur les exceptions de la grammaire latine.
Ils y perdent leurs forces physiques et intellectuel-
les; et en même temps ils s'y dépravent au point
de vue moral, deviennent incapables de quoi que ce
soit d'utile pour les hommes. Prenant dans la société le rôle d'amuseurs des riches, ils perdent tout
sentiment de la dignité humaine. Le besoin d'é-
loges se développe chez eux à un degré si monstrueux qu'ils souffrent toute leur vie de ce développement même, et qu'ils dépensent tout leur
être moral à vouloir rassasier un besoin insatiable.
Et il y a une chose plus tragique encore : c'est
que ces hommes, qui sacrifient toute leur vie à
l'art, qui sont perdus à jamais pour la vie, par
amour de l'art, non seulement ne rapportent aucun profit à cet art, mais lui causent même un
immense dommage. Car dans les académies, dans
les collèges, dans les conservatoires, ils apprennent les moyens de contrefaire l'art ; et, l'ayant
appris, ils en sont si pervertis qu'ils deviennent
pour jamais incapables de concevoir l'art véritable, et que ce sont eux qui contribuent à répandre

cet art contrefait ou dénaturé dont le monde est rempli.

Une autre conséquence non moins funeste du mauvais fonctionnement de l'art, c'est qu'en produisant, dans des conditions si affreuses, l'armée des artistes professionnels, il fournit la possibilité aux gens riches de vivre la vie qu'ils vivent, et qui non seulement n'est pas bonne, mais qui est même contraire aux principes qu'ils professent. De vivre comme vivent des personnes riches et oisives de notre temps, et surtout les femmes, loin de la nature, loin de la vie, dans des conditions artificielles, avec des muscles atrophiés ou déformés par la gymnastique, avec l'énergie vitale incurablement affaiblie, cette vie ne serait point possible sans ce qu'on appelle l'art. Seul ce soi-disant art fournit l'amusement, la distraction qui détournent nos yeux de l'absurdité de notre vie, et les sauvent de l'ennui résultant d'une telle vie. Otez aux personnes oisives et riches les théâtres, les concerts, les expositions, le piano, les romans, dont ils s'occupent avec la certitude que ce sont là des occupations raffinées et esthétiques. Otez aux amateurs d'art, qui achètent des tableaux, qui encouragent les musiciens, qui donnent à manger aux gens de lettres, ôtez-leur la possibilité de protéger cet art qu'ils tiennent pour si important : et ils ne seront plus en état de poursuivre leur vie, et tous périront de tristesse et d'ennui, et tous reconnaîtront l'absurdité et l'immoralité de leur manière de vivre.

Une troisième conséquence du mauvais fonctionnement de l'art, c'est la confusion, le désarroi que ce mauvais fonctionnement amène dans l'esprit des enfants et des gens du peuple. Chez les hommes qui n'ont pas été pervertis par les mensongères théories de notre société, chez les artisans et chez les enfants, la nature a mis une conception très définie de ce qui mérite d'être blâmé ou loué. Suivant l'instinct des gens du peuple et des enfants, l'éloge ne revient de droit que, ou bien à la force physique (Hercule, les héros, les conquérants), ou à la force morale (Çakya-Mouni, renonçant à la beauté et au pouvoir pour sauver les hommes, le Christ mourant sur la croix pour notre bien, les saints, les martyrs, etc.). Ce sont là des notions d'une clarté parfaite. Les âmes simples et droites comprennent qu'il est impossible de ne pas respecter la force physique, puisqu'elle s'impose elle-même au respect ; et la force morale de l'homme qui travaille pour le bien, elles ne peuvent s'empêcher de la respecter aussi, se sentant entraînées vers elle par tout leur être intérieur. Et voici que ces âmes simples s'aperçoivent qu'en plus des hommes respectés pour leur force physique ou morale, il y a encore d'autres hommes plus respectés, plus admirés, plus récompensés que tous les héros de la force et du bien, et cela simplement parce qu'ils savent chanter, danser, ou écrire des .vers. Elles voient que les chanteurs, les danseurs, les peintres, les hommes de lettres gagnent des millions, qu'on leur rend plus d'hommages qu'aux saints; et ces âmes simples, — les enfants et les gens du peuple, — sentent le désarroi grandir en elles.

Lorsque, cinquante ans après la mort de Pouchkine, ses œuvres ont été répandues dans le peuple, et qu'un monument lui a été élevé à Moscou, j'ai reçu plus de dix lettres de paysans me demandant pourquoi on exaltait ce Pouchkine. Il y a quelques jours encore, un petit bourgeois de Saratof, — homme instruit d'ailleurs, — est venu à Moscou pour reprocher au clergé d'avoir approuvé l'érection d'un « monament » au sieur Pouchkine.

Et, en effet, qu'on se représente seulement la situation d'un homme du peuple qui lit dans son

journal, ou qui entend dire que le clergé, le gouvernement, tous les hommes les meilleurs de la
Russie élèvent avec enthousiasme un monument à
un grand homme, à un bienfaiteur, à une gloire
nationale, Pouchkine, dont jamais jusqu'alors il
n'a entendu parler. De toute part on lui parle de
Pouchkine ; et il suppose que, pour qu'on rende
de tels hommages à cet homme, il faut donc qu'il
ait accompli quelque chose d'extraordinaire, de
très fort, ou de très bon. Il essaie donc de savoir
qui était Pouchkine ; et en apprenant que Pouchkine n'était ni un héros ni même un général d'armée, mais simplement un écrivain, il en conclut
que certainement Pouchkine a dû être un saint
homme, un éducateur bienfaisant. Aussi se hâte-
t-il de lire ou d'entendre lire sa vie et ses œuvres.
Qu'on imagine donc son ahurissement en apprenant que Pouchkine a été un homme de mœurs
plus que légères, qu'il est mort en duel, c'est-à-
dire tandis qu'il essayait de tuer un autre homme,
et que tout son mérite consiste à avoir écrit des
vers sur l'amour !

Que les héros, qu'Alexandre le Grand, ou Gen-
giskhan, ou Napoléon aient été de grands hommes,
il comprend bien cela, parce qu'il sent que tous ces

hommes auraient pu l'anéantir, lui et des milliers de ses pareils. Il comprend aussi que Bouddha, Socrate, et le Christ aient été grands, parce qu'il sent et sait que lui et tous les hommes devraient ressembler à ceux-là. Mais comment un homme peut être grand pour avoir écrit des vers sur l'amour des femmes, c'est ce qu'en aucune façon il ne peut comprendre.

Et le même effarement doit se produire dans le cerveau d'un paysan breton ou provençal, quand il apprend qu'on va élever un monument, une statue, comme on en élève à la Sainte Vierge, qu'on va l'élever à Baudelaire, l'auteur des *Fleurs du Mal*, ou à Verlaine, un débauché qui a écrit des vers incompréhensibles. Et quel désarroi doit se produire dans le cerveau des gens du peuple quand ils apprennent que la Patti ou la Taglioni reçoivent cent mille francs pour une saison, que des peintres reçoivent cent mille francs pour un seul tableau, et qu'il y a des auteurs de romans qui gagnent la même somme parce qu'ils savent décrire des scènes d'amour!

Et la même chose se passe dans le cerveau des enfants. Je me rappelle avoir, jadis, éprouvé moi-même cette stupeur et ce désarroi. C'est là une conséquence fatale du mauvais fonctionnement de l'art dans notre société.

Une quatrième conséquence de ce mauvais fonctionnement consiste en ce que les hommes des classes supérieures, voyant se reproduire de plus en plus souvent l'opposition entre la beauté et le bien, en arrivent à considérer l'idéal de la beauté comme étant le plus haut des deux, et s'affranchissent ainsi des exigences de la moralité. Intervertissant les rôles, ces hommes, au lieu de reconnaître que l'art qu'ils admirent est une chose inférieure, prétendent que c'est la moralité qui est une chose inférieure, dénuée de signification pour des êtres arrivés au degré de développement où ils se croient eux-mêmes arrivés.

Cette conséquence de la perversion de l'art s'était fait sentir depuis longtemps déjà dans notre société ; mais elle a pris de nos jours un développement extraordinaire, grâce aux écrits du célèbre Nietszche, et aux paradoxes des décadents et esthètes anglais qui, à la suite d'Oscar Wilde, prennent volontiers pour thème de leurs écrits la destruction de toute morale et l'apothéose de la perversité.

Cette conception de l'art a trouvé son contrecoup dans l'enseignement philosophique. J'ai reçu dernièrement d'Amérique un livre intitulé *la Survivance du plus apte, ou la Philosophie de la Force*, par Ragnar Redbeard (Chicago, 1897). L'idée principale de ce livre, exprimée d'ailleurs dès la préface, c'est qu'il est absurde d'évaluer plus longtemps le bien d'après la philosophie mensongère des prophètes juifs et des « messies larmoyants ». Le droit, pour cet auteur, ne se fonde que sur la force. Toutes les lois, tous les préceptes qui nous enseignent à ne pas faire à autrui ce que nous ne voudrions pas qu'on nous fît à nous-mêmes, tout cela n'a, en soi, aucun sens, et ne vaut à diriger les hommes que par son accompagnement de coups de bâton, de coups de sabre, et de prison. L'homme vraiment libre ne doit obéir à aucune loi, humaine ou divine; toute obligation est le signe de la dégénérescence; l'absence d'obligation est la marque des héros. Les hommes doivent cesser de se croire engagés par des erreurs, imaginées pour leur nuire. L'univers entier n'est qu'un champ de bataille. Et la justice idéale consiste en ce que les vaincus soient exploités, torturés, méprisés. L'homme libre et audacieux peut conquérir le monde. Et, comme conséquence, les hommes doivent être éternellement en guerre, pour la vie, pour le sol, pour l'amour, pour la femme, pour le pouvoir, pour l'or. Toute la terre avec ses fruits est « la proie du plus hardi ».

A les voir ainsi exposées sous forme scientifique, ces idées ne peuvent manquer de scandaliser. Mais en réalité elles se trouvent fatalement et implicitement contenues dans toute conception qui donne la beauté pour objet à l'art. C'est l'art de nos classes supérieures qui a produit et développé chez certains hommes cet idéal du *sur-homme*, encore que cet idéal ait déjà été celui de Néron, de Stenka-Razine, de Gengiskan, de Napoléon, et de tous leurs pareils, aventuriers et parvenus. Et l'on s'épouvante à imaginer ce qui arriverait si un tel idéal, et l'art qui le produit, s'ils venaient à se répandre dans la masse du peuple. Or voici qu'ils commencent à s'y répandre en effet.

Enfin le mauvais fonctionnement de l'art amène cette cinquième conséquence, que le mauvais art qui fleurit parmi nos classes supérieures les pervertit directement, au moyen de son pouvoir de contagion artistique, et renforce en elles les sentiments les plus détestables pour le bonheur des hommes, ceux de la superstition, du patriotisme, et de la sensualité.

C'est l'art qui contribue le plus, dans notre temps, à pervertir les hommes en ce qui concerne la question la plus importante de leur vie sociale, je veux dire celle des relations sexuelles. Nous savons tous, et par nous-mêmes et par nos parents, à quelles terribles souffrances morales et physiques, et à quelle vaine déperdition de forces les hommes s'exposent, par le seul fait du débordement du désir sexuel. Depuis que le monde est monde, depuis le temps de la guerre de Troie, causée par la passion sexuelle, et jusqu'aux suicides et aux crimes passionnels dont nos journaux sont remplis tous les jours, tout nous prouve l'action néfaste de cette passion, qui est bien la principale source du malheur des hommes.

Et cependant que voyons-nous ? Nous voyons l'art tout entier, et le contrefait et le véritable, nous le voyons uniquement consacré, sauf de très rares exceptions, à décrire, à représenter, à provoquer les formes diverses de l'amour sexuel. Qu'il nous suffise de rappeler tous ces romans luxurieux dont est remplie notre littérature présente, tous ces tableaux et toutes ces statues où l'on nous montre à nu le corps de la femme, et toutes les images obscènes qu'on colle sur les murs en guise d'affiches, et cette innombrable quantité d'opéras, opérettes, chansons, romances, dont nous sommes entourés ! L'art contemporain n'a, en vérité, qu'un seul objet défini : d'exciter et de répandre, le plus possible, la dépravation.

Telles sont non pas toutes, mais les plus graves conséquences de cette perversion de l'art qui s'est accomplie dans notre société. Et ainsi, ce que nous appelons aujourd'hui l'art non seulement ne contribue pas au progrès de l'humanité, mais a au contraire pour effet, plus que toute autre chose, de détruire la possibilité du bien dans notre vie.

Et ainsi la question qui s'offre fatalement à l'esprit de tout homme qui pense, celle que je me suis posée au début de mon livre, la question de savoir s'il est juste de sacrifier à ce qu'on appelle l'art le travail et la vie de millions d'hommes, cette question reçoit une réponse formelle : non, cela n'est pas juste, et ne devrait pas être. Telle est à la fois la réponse de la saine raison et du sens moral non perverti. Et si la question se posait de savoir ce qui vaut le mieux, pour notre monde chrétien, de perdre tout ce qui s'appelle aujourd'hui l'art, faux ou vrai, ou de perdre tout le bien qui existe au monde, j'estime que l'homme raisonnable et moral ne pourrait manquer de répondre à cette question comme y a répondu Platon dans sa *République*, et comme y ont répondu tous les éducateurs religieux de l'humanité, chrétiens et mahométans, c'est-à-dire de proclamer que mieux vaut renoncer à tous les arts que de maintenir l'art, ou la contrefaçon d'art, qui existe aujourd'hui, et qui a pour résultat de dépraver les hommes. C'est là, du reste, fort heureusement, une question qu'on n'a pas à se poser, puisque l'art véritable n'a rien à voir avec ce soi-disant art d'à présent. Mais ce que nous pouvons et devons faire, nous qui nous flattons d'être des hommes cultivés, nous à qui notre situation permet de comprendre le sens des manifestations diverses de notre vie, c'est de reconnaître l'erreur où nous nous trouvons, et de ne pas nous y soumettre, mais de chercher le moyen de nous en dégager.

CHAPITRE XVII

POSSIBILITÉ D'UNE RÉNOVATION ARTISTIQUE

L'état de mensonge, où est tombé l'art de notre société, provient de ce que les hommes des classes supérieures se sont mis à vivre sans aucune foi, en s'efforçant de substituer à la foi absente les uns l'hypocrisie, au point de déclarer qu'ils croient encore aux formes de leur religion, d'autres une proclamation audacieuse de leur incrédulité, d'autres encore un scepticisme raffiné, d'autres un retour à l'adoration des Grecs pour la beauté. Mais par quelque moyen que ces hommes s'efforcent de maintenir et de justifier leurs privilèges, c'est-à-dire la séparation de leur classe d'avec les autres, ils sont bien forcés, bon gré mal gré, de reconnaître que de toutes parts, autour d'eux, consciemment et inconsciemment, la vérité se fait jour, cette vérité chrétienne qui consiste à ne concevoir le bonheur des hommes que dans l'union et la fraternité.

Inconsciemment, cette vérité se fait jour par l'établissement de nouvelles voies de communication, le télégraphe, le téléphone, la presse, toutes inventions tendant de plus en plus à mettre un lien entre tous les hommes ; consciemment elle se manifeste par la disparition des superstitions qui séparaient les hommes, par l'expression de la fraternité idéale, et aussi par les quelques œuvres d'art de notre temps qui sont bonnes et vraies.

L'art est un organe moral de la vie humaine, et, comme tel, ne saurait être complètement détruit. Aussi, malgré tous les efforts des hommes des classes supérieures pour nous cacher l'idéal religieux dont vit l'humanité, cet idéal devient-il de plus en plus clair pour les hommes, et trouve-t-il de plus en plus souvent l'occasion de s'exprimer, au milieu même de notre société pervertie, tant dans la science que dans l'art. L'art lui-même, en effet, commence à distinguer le véritable idéal de notre temps, et à se diriger vers lui. D'une part, les meilleurs ouvrages des artistes contemporains expriment des sentiments d'union et de fraternité entre les hommes (ainsi les écrits de Dickens, d'Hugo, de Dostoïewsky, les peintures de Millet, Bastien-Lepage, Jules Breton et autres); d'autre part, il y a aujourd'hui des artistes qui essaient d'exprimer des sentiments aussi généraux, aussi universels que possible. Le nombre de ces artistes est encore très restreint, mais on paraît commencer déjà à se rendre compte de leur utilité. Je dois ajouter que, dans ces derniers temps, on a multiplié les tentatives d'entreprises artistiques populaires, éditions de livres, concerts, théâtres, musées, etc. Tout cela est encore très loin de ce qui devrait être; mais déjà on peut discerner la direction suivant laquelle l'art va marcher, pour rentrer enfin dans la voie qui lui est propre.

La conscience religieuse de notre temps s'est déjà sensiblement éclaircie; et il suffirait désormais aux hommes de rejeter la fausse théorie de la beauté, qui fait du plaisir le seul objet de l'art, pour qu'aussitôt cette conscience religieuse pût prendre librement en main la conduite de l'art.

Et le jour où la conscience religieuse, qui commence déjà à diriger inconsciemment la vie des hommes, le jour où elle sera reconnue d'eux en pleine conscience, on verra aussitôt disparaître spontanément la séparation de l'art en art des classes inférieures et des classes supérieures. Il n'y aura plus alors qu'un seul art commun à tous, fraternel, universel. Et le jour où l'art sera universel, — cessant d'être, ce qu'il a été dans ces derniers temps, un moyen d'abrutissement et de dépravation pour les hommes, — il deviendra ce qu'il était au début et ce qu'il devrait toujours être : un moyen de perfectionnement pour l'humanité, qui l'aidera à réaliser dans le monde l'amour, l'union, et le bonheur.

CHAPITRE XVIII

CE QUE DEVRA ÊTRE L'ART DE L'AVENIR

On parle volontiers de l'art de l'avenir, en se représentant, sous ces mots, un art nouveau, éminemment raffiné, et dérivant de l'art présent des classes supérieures de notre société. Mais un tel art de l'avenir ne naîtra jamais, et ne saurait naître. L'art de nos classes supérieures est dès maintenant arrivé à une impasse. Sur la route où il s'est engagé, il lui est impossible de faire un pas de plus. Cet art, dès le jour où il s'est séparé du principal fondement de l'art véritable, dès le jour où il a cessé de s'inspirer de la conscience religieuse, est devenu de plus en spécial, de plus en plus perverti ; et maintenant le voici réduit à néant. Aussi l'art de l'avenir, — le véritable, celui qui aura vraiment lieu dans l'avenir, — ne sera-t-il pas le prolongement de notre art d'à présent, mais découlera au contraire de principes tout autres, n'ayant rien de commun avec ceux dont s'inspire aujourd'hui l'art de nos classes supérieures.

L'art de l'avenir, destiné à être répandu entre tous les hommes, n'aura plus pour objet d'exprimer des sentiments accessibles seulement à quelques gens riches ; il aura pour objet de manifester la plus haute conscience religieuse des générations futures. On ne considérera comme art, dans l'avenir, que ce qui exprimera des sentiments poussant les hommes à l'union fraternelle, ou encore des sentiments assez universels pour pouvoir être éprouvés par l'ensemble des hommes. Seul cet art sera distingué du reste, admis, encouragé, propagé. Et tout le reste de l'art, tout ce qui n'est accessible qu'à quelques hommes, tout cela sera considéré comme sans importance, et laissé de côté. Et l'art ne sera plus apprécié seulement, comme aujourd'hui, par une petite classe de gens riches : il sera apprécié de l'ensemble des hommes.

Et les artistes, dans l'avenir, ne seront plus comme aujourd'hui pris exclusivement dans une petite classe de la nation ; tous ceux-là seront artistes qui, à quelque classe qu'ils appartiennent, se montrent capables de création artistique. Tout le monde pourra alors devenir artiste : car, d'abord, on ne demandera plus à l'art une technique compliquée et artificielle, qui exige pour être apprise une perte de temps infinie, on ne lui demandera rien que la clarté, la simplicité et la sobriété; toutes choses qui ne s'acquièrent point par une préparation mécanique, mais par l'éducation du goût. Et en second lieu tout le monde pourra devenir artiste parce que, à la place de nos écoles professionnelles, accessibles seulement à un petit nombre, tout le monde pourra apprendre dès l'école primaire la musique et le dessin, en même temps que le rudiment, de telle sorte qui tout homme qui se sentira une disposition pour un art puisse le pratiquer, et exprimer par lui ses sentiments personnels.

On m'objectera que, si l'on supprime les écoles artistiques spéciales, la technique de l'art s'en trouvera affaiblie. Oui, certes, elle sera affaiblie, si l'on entend par technique l'ensemble de vains artifices qu'on désigne aujourd'hui de ce nom; mais si par technique on entend seulement la clarté, la simplicité, et la sobriété, non seulement cette technique-là ne sera pas entamée, comme le prouve assez tout art populaire, mais elle se trouvera même élevée à un degré supérieur. Car tous les artistes de génie jusqu'à présent cachés parmi le peuples pourront alors participer à l'art et fournir des modèles de perfection, qui seront la meilleure école de technique pour les artistes de leur temps et du temps suivant. Aujourd'hui même, ce n'est point à l'école que s'instruit le véritable artiste, c'est dans la vie, en étudiant l'exemple des grands maîtres; mais alors, quand participeront à l'art les hommes les mieux doués du peuple tout entier, le nombre des modèles à étudier sera plus grand, et ces modèles seront plus accessibles ; et l'absence d'un enseignement professionnel se trouvera cent fois compensé, pour le véritable artiste, par la juste conception qu'il se fera du but et des méthodes de l'art.

Telle sera une des différences de l'art de l'avenir avec notre art d'à présent. Une autre différence sera que l'art de l'avenir ne sera plus pratiqué par des artistes professionnels payés pour leur art, et ne s'occupant que de lui. L'art de l'avenir sera pratiqué par tous les hommes qui en sentiront le désir, et ceux-ci ne s'en occuperont qu'au moment où ils en sentiront le désir.

On croit volontiers, dans notre société, que l'artiste travaille d'autant mieux, et avec d'autant plus de fruit, que sa situation matérielle est plus assurée. Cette opinion suffirait à prouver, une fois de plus, si c'était nécessaire, que ce que l'on prend aujourd'hui pour de l'art n'en est rien que la contrefaçon. Il est exact, en effet, que, pour la production de souliers ou de pains, la division du travail offre de grands avantages : le cordonnier ou le boulanger qui n'est pas forcé de se cuire lui-même son repas, ni de fendre son bois, peut ainsi faire un plus grand nombre de souliers ou de pains. Mais l'art n'est pas un métier : c'est la transmission à d'autres hommes d'un sentiment éprouvé par l'artiste. Et ce sentiment ne peut naître dans un homme que si celui-ci vit pleinement la vie naturelle et véritable des hommes. De telle sorte qu'assurer à l'artiste la satisfaction de tous ses besoins matériels, c'est faire tort à sa capacité de produire de l'art, car, en affranchissant l'artiste des conditions, — communes à tous les hommes, — de la lutte contre la nature pour l'entretien de sa propre vie et de celle des autres, on le prive de l'occasion et de la possibilité d'apprendre à connaître les sentiments les plus importants et les plus naturels des hommes. Il n'y a point de position plus détestable pour la faculté créatrice d'un artiste que cette sécurité absolue et ce luxe qui nous apparaissent, aujourd'hui, comme étant la condition du bon fonctionnement de l'art.

L'artiste de l'avenir vivra la vie ordinaire des hommes, gagnant son pain par un métier quelconque. Et, instruit ainsi à connaître le sérieux de la vie, il s'efforcera de transmettre au plus grand nombre d'hommes possible les fruits du don supérieur que la nature lui aura accordé : cette transmission sera sa joie et sa récompense.

Aussi longtemps qu'on n'aura pas chassé les marchands du temple, le temple de l'art ne sera pas un temple. Mais le premier soin de l'art de l'avenir sera de les chasser.

Enfin le contenu de l'art de l'avenir, tel que je me le représente, différera complètement de celui de notre art d'à présent. Il consistera dans l'expression non pas de sentiments exclusifs, l'ambition, le pessimisme, le dégoût, et la sensualité, mais de sentiments éprouvés par l'homme qui vit de la vie commune des hommes, et fondés sur la conscience religieuse de notre temps, de sentiments accessibles à tous les hommes sans exception.

Voilà, dira-t-on, un contenu bien mince! Que peut-on exprimer de nouveau dans le domaine des sentiments chrétiens d'amour du prochain? Et qu'y a-t-il de plus médiocre et de plus monotone que des sentiments accessibles à tous les hommes?

Et cependant il n'en est pas moins certain que les seuls sentiments nouveaux qui puissent être éprouvés aujourd'hui sont des sentiments religieux, chrétiens, et des sentiments accessibles à tous. Les sentiments qui découlent de la conscience religieuse de notre temps sont infiniment neufs et variés; mais ces sentiments ne consistent pas uniquement, comme on le croit parfois, à représenter le Christ dans les divers épisodes de l'Évangile, ou à répéter sous une forme nouvelle les vérités chrétiennes de l'union, de la fraternité, de l'égalité et de l'amour. Les sentiments chrétiens sont infiniment nouveaux et variés parce que, dès que l'homme envisage les choses du point de vue chrétien, les sujets les plus vieux, les plus ordinaires, ceux que l'on imagine les plus usés, éveillent en lui les sentiments les plus nouveaux, les plus imprévus, et les plus pathétiques.

Que peut-il y avoir de plus vieux que les rela-

tions du mari et de la femme, des enfants et des
parents, les relations des hommes d'un pays et de
ceux d'un autre ? Or, c'est assez qu'un homme
considère ces relations du point de vue chrétien
pour qu'aussitôt naissent en lui des sentiments
infiniment variés, des sentiments nouveaux, profonds, pathétiques.

La vérité est que le contenu de l'art de l'avenir
ne sera point rétréci, mais au contraire élargi,
lorsque cet art aura pour objet de transmettre les
sentiments vitaux, les plus généraux de tous, les
plus simples, les plus universels. Dans notre art
d'à présent, on ne considère comme dignes d'être
exprimés par l'art que les sentiments particuliers
d'hommes d'une certaine situation exceptionnelle,
et encore entend-on qu'ils soient exprimés d'une
façon très raffinée, inaccessible à la majorité des
hommes. Et l'on tient pour indigne de fournir
une matière à l'art tout l'immense domaine de
l'art populaire et enfantin : les proverbes, les chansons, les jeux, les imitations, etc. Mais l'artiste de
l'avenir comprendra que de produire une fable,
une chanson, pourvu qu'elles émeuvent, de produire une farce, pourvu qu'elle amuse, de dessiner une image qui réjouisse des milliers d'en-

fants et de grandes personnes, que tout cela est infiniment plus fécond et plus important que de produire un roman, ou une symphonie, ou un tableau qui divertiront pendant quelque temps un petit nombre de gens riches, et puis s'enfonceront à jamais dans l'oubli. Or le domaine de cet art des sentiments simples, accessibles à tous, ce domaine est immense et n'a pour ainsi dire jamais été touché.

Ainsi l'art de l'avenir ne sera pas plus pauvre que le nôtre, mais au contraire infiniment plus riche. Et la forme de l'art de l'avenir, elle aussi, ne sera pas inférieure à la forme actuelle de l'art, mais lui sera incomparablement supérieure, et cela non pas dans le sens d'une technique raffinée et artificielle mais dans le sens d'une expression brève, simple, claire, libre de toute surcharge inutile.

Je me rappelle qu'un jour, après avoir entendu faire, par un astronome éminent, une conférence publique sur l'analyse spectrale des étoiles de la voie lactée, je demandai à cet astronome s'il ne consentirait pas à nous faire simplement une conférence sur le mouvement de la terre, attendu que, parmi ses auditeurs, il y avait sans doute une foule de personnes qui ne savaient pas au juste ce qui produisait le jour et la nuit, l'été et l'hiver. Et l'astronome me répondit en souriant : « Oui, ce serait un beau sujet, mais trop difficile. Il m'est infiniment plus facile de parler de l'analyse spectrale de la voie lactée. »

Il en va de même pour l'art. Écrire un poème sur un sujet du temps de Cléopâtre, peindre Néron mettant le feu à Rome, composer une symphonie dans la manière de Brahms et de Richard Strauss, ou un opéra comme ceux de Wagner, cela est infiniment plus facile que de raconter une simple histoire sans rien d'exceptionnel, et cependant de la raconter de telle façon qu'elle transmette le sentiment de celui qui la raconte, ou encore de dessiner au crayon une image qui émeuve ou qui égaie le spectateur, ou d'écrire quatre mesures d'une mélodie sans accompagnement, mais qui traduise un certain état de l'âme.

— Mais il nous est impossible, avec notre civilisation présente, de revenir aux formes primitives ! diront à cela les artistes. Il nous est impossible d'écrire aujourd'hui des récits comme l'histoire de Joseph ou comme l'*Odyssée*, de composer de la musique comme celle des chansons populaires !

Et cela est en effet impossible aux artistes de notre temps; mais cela ne le sera pas à l'artiste de l'avenir, qui n'aura plus la tête encombrée d'un arsenal de formules techniques, et qui, n'étant plus un professionnel de l'art, n'étant plus payé pour ses produits, ne produira de l'art que quand il s'y sentira porté par un irrésistible besoin intérieur.

La différence sera donc complète, tant au point de vue de la forme que du fond, entre l'art de l'avenir et ce que nous tenons aujourd'hui pour l'art. Le fond de l'art de l'avenir sera constitué par des sentiments encourageant les hommes à s'unir, ou bien les unissant en effet; la forme de cet art sera telle qu'elle puisse être accessible à l'ensemble des hommes. Et, par suite, l'idéal de la perfection, dans l'avenir, ne sera plus le degré de particularité des sentiments, mais au contraire leur degré de généralité. L'artiste ne cherchera plus, comme aujourd'hui, a être obscur, compliqué, et emphatique, mais au contraire à être bref, clair, et simple. Et c'est seulement quand l'art aura pris ce caractère, qu'il ne servira plus uniquement à distraire et à amuser une classe d'oisifs, comme il fait à présent, mais recommencera enfin à réaliser sa destination

véritable, c'est-à-dire à transporter une conception
religieuse du domaine de la raison dans le domaine du sentiment, à conduire ainsi les hommes
vers le bonheur, vers la vie, vers cette union et
cette perfection que leur recommande leur conscience religieuse.

CONCLUSION

J'ai fait de mon mieux pour résumer, dans ce qu'on vient de lire, mes pensées sur un sujet qui depuis quinze ans n'a pas cessé de m'occuper. Je ne veux pas dire par là, on l'entend bien, qu'il y a quinze ans que j'ai commencé à écrire à cette étude; mais il y a certes au moins quinze ans que j'ai commencé à écrire une étude sur l'art, en me disant que, une fois parti sur ce sujet, j'irais jusqu'au bout sans m'arrêter. Et cependant mes idées sur ce sujet se sont trouvées si peu nettes, que je n'ai pu les exprimer sous une forme satisfaisante. Et jamais depuis ce temps je n'ai cessé de réfléchir à ce sujet; et six ou sept fois je me suis de nouveau mis à écrire une étude sur lui; mais chaque fois, après avoir écrit un certain nombre de pages, je me suis senti hors d'état de conduire mon travail jusqu'au bout. Aujourd'hui enfin j'ai pu le conduire jusqu'au bout; et si mauvais que soit mon travail, j'espère du moins ne pas m'être trompé dans la pensée qui en forme la base, et qui consiste à considérer l'art de notre temps comme engagé dans une fausse voie. Puisse donc ce travail ne pas rester sans fruit! Mais pour que l'art puisse sortir de sa fausse voie et revenir à sa destination naturelle, il faut qu'une autre branche non moins importante de l'activité intellectuelle des hommes, la science, avec laquelle l'art se trouve toujours dans une relation d'étroite dépendance, il faut que, elle aussi, elle sorte de la fausse voie où elle se trouve engagée.

L'art et la science ont entre eux une relation aussi étroite que les poumons et le cœur; et si l'un des deux organes est perverti, l'autre ne peut plus fonctionner normalement. La science véritable enseigne aux hommes les connaissances qui doivent avoir pour eux le plus d'importance et diriger leur vie. L'art transporte ces connaissances du domaine de la raison dans celui du sentiment. Si donc le chemin que suit la science est mauvais, le chemin suivi par l'art sera mauvais aussi. L'art et la science ressemblent à ces bateaux qui vont deux par deux sur les rivières, l'un portant une machine et remorquant l'autre. Si le premier s'engage dans une fausse direction, le second ne peut s'empêcher de l'y suivre.

Et de même que l'art, d'une façon générale, est la transmission de tous les sentiments possibles, mais que cependant, au sens étroit du mot, il n'y a d'art sérieux que celui qui transmet aux hommes des sentiments importants pour eux, de même la science, d'une façon générale, est l'expression de toutes les connaissances possibles, mais il n'y a pour nous de science sérieuse que celle qui exprime des connaissances importantes pour nous.

Or, ce qui détermine le degré d'importance, aussi bien des sentiments que des connaissances, c'est la conscience religieuse d'une société et d'une époque données, c'est-à-dire la conception commune que se font du sens de la vie les hommes de cette époque et de cette société. Ce qui contribue le plus à réaliser cet idéal de la vie, c'est cela qui doit être enseigné le plus ; ce qui y contribue moins doit être moins enseigné ; et ce qui ne contribue en aucune façon à réaliser la destination de la vie humaine, cela ne doit pas être enseigné du tout, ou, si on l'enseigne, ne doit pas du moins être considéré comme n'ayant aucune importance. Ainsi il en a été toujours ainsi autrefois pour la science; ainsi il en devrait être encore maintenant, car c'est ainsi que l'exige la nature même de la pensée et de la vie de l'homme. Et cependant la science de nos classes supérieures non seulement ne reconnaît comme base aucune religion, mais tient même toutes les religions pour des superstitions.

Et, en conséquence, les hommes de notre temps nous affirment qu'ils apprennent indistinctement *tout*. Mais comme *tout* est beaucoup trop, puisque les sujets de la connaissance sont infinis, et puisqu'il est impossible d'apprendre tout indistinctement, ce n'est là qu'une affirmation purement théorique. Dans la réalité, les hommes n'apprennent pas *tout*, et ce n'est pas indifféremment qu'ils apprennent tout ce qu'ils apprennent. Dans la réalité, les hommes n'apprennent que ce qui est ou bien utile, ou bien agréable aux hommes qui s'occupent de la science. Et, ces hommes appartenant aux classes supérieures de la société, ce qui leur est le plus utile, c'est de maintenir l'ordre social qui permet à leurs classes de jouir de leurs privilèges; et ce qui leur est le plus agréable, c'est de satisfaire de vaines curiosités n'exigeant pas d'eux un effort d'esprit trop considérable.

De là vient qu'une des sections de la science les plus en honneur est celle des sciences qui, comme l'histoire et l'économie politique, s'occupent surtout d'établir que l'ordre actuel de la vie sociale est bien celui qui a toujours existé et qui doit exister toujours, de telle sorte que toute tentative pour le modifier nous paraisse à la fois illégitime et vaine. Une autre section est celle des sciences expérimentales, comprenant la physique, la chimie, la botanique : ces sciences-là ne s'occupent que de ce qui n'a aucun rapport direct avec la vie, de ce qui est matière de pure curiosité, ou encore de ce qui peut contribuer à rendre plus commode l'existence des classes supérieures de la société. Et c'est pour justifier ce choix arbitraire et monstrueux, qu'ils ont fait parmi les diverses matières de la connaissance, que nos savants ont inventé une théorie correspondant de tout point à celle de *l'art pour l'art*, la théorie de *la science pour la science*.

La théorie de l'art pour l'art soutient que l'art consiste à s'occuper de tous les sujets qui font plaisir; la théorie de la science pour la science soutient que la science consiste à enseigner tous les sujets qui ont de l'intérêt.

Et ainsi se fait que, des deux sections de la science qu'on enseigne aux hommes, l'une, au lieu d'enseigner comment les hommes devraient vivre pour réaliser leur destination, prêche la légitimité et l'immutabilité d'un mode de vie mensonger et funeste, tandis que l'autre section, celle des sciences expérimentales, s'occupe de questions de pure curiosité, ou encore de menues inventions pratiques.

Et, de ces deux sections de la science contemporaine, la première est mauvaise non seulement parce qu'elle trouble les idées des hommes et leur donne de fausses idées ; elle est encore mauvaise du fait même de son existence, et parce qu'elle occupe la place que devrait occuper la science véritable. Et la seconde section, celle-là même dont la science est aujourd'hui si fière, celle-là est mauvaise parce qu'elle détourne l'attention des hommes, loin des sujets vraiment importants, vers des sujets inutiles ; et elle est mauvaise encore parce que, dans l'organisation sociale qui se trouve légitimée et soutenue par les sciences de la première section, la plupart des inventions

techniques de la science expérimentale servent
non pas au bonheur, mais au malheur des hommes.

Seuls les hommes qui ont sacrifié leur vie à ces
études inutiles, ceux là seuls peuvent continuer
à croire que ces découvertes et ces inventions,
qui s'accomplissent dans le domaine des sciences
expérimentales, sont une chose vraiment importante et profitable. Et si ces hommes le croient,
c'est qu'ils ne regardent pas autour d'eux, et ne
voient pas ce qui est vraiment important. Il leur
suffirait de relever la tête de leur microscope, à
travers lequel ils considèrent toutes les matières
qu'ils étudient, il leur suffirait de jeter les yeux
autour d'eux, pour voir combien sont vaines
toutes ces connaissances dont ils tirent une si
naïve vanité, en comparaison de ces autres connaissances auxquelles nous avons renoncé pour
les remettre entre les mains des professeurs de
jurisprudence, de finance, d'économie politique,
etc. Il leur suffirait de jeter un coup d'œil au tour
d'eux pour voir que l'objet important et propre
de la science humaine ne devrait pas être d'apprendre ce qui, par hasard, est intéressant, mais
bien d'apprendre dans quel sens doit être dirigée

la vie de l'homme, d'apprendre ces vérités religieuses, morales, sociales, sans lesquelles toute
notre soi-disant connaissance de la nature ne saurait nous être qu'inutile ou funeste.

Nous sommes très heureux et très fiers de ce
que notre science nous donne la possibilité d'utili-
ser, au profit de l'industrie, la force de la vapeur, ou
encore de ce qu'elle nous permette de creuser des
tunnels dans les montagnes. Mais comment ne
songeons-nous pas que cette force de la vapeur,
nous ne l'employons pas pour le bien-être des
hommes, mais au contraire pour l'enrichissement
d'un petit nombre de capitalistes? Cette même
dynamite, qui nous sert à percer des tunnels, comment ne songeons-nous pas que son principal
emploi n'est pas de creuser des tunnels, mais de
servir à la destruction de vies humaines, d'être un
terrible instrument pour ces guerres que nous
nous obstinons à considérer comme indispensables
et auxquelles nous ne cessons pas de nous préparer ?

Et si même il est vrai — ce qui resterait à
prouver—que la science soit aujourd'hui parvenue
à empêcher la diphtérie, à couper les bosses, à
guérir la syphilis, à accomplir des opérations

étonnantes, etc., il n'y a pas là non plus de quoi nous énorgueillir, pour peu que nous songions à la véritable destination de la science. Si la dixième partie des forces qui se dépensent aujourd'hui à l'étude de sujets de pure curiosité ou de menues inventions pratiques, si la dixième partie de ces forces se trouvait employée à la véritable science, qui a pour objet le bonheur des hommes, nous verrions disparaître la moitié au moins de ces maladies qui encombrent aujourd'hui les cliniques et les hôpitaux ; nous ne verrions pas, comme aujourd'hui, des enfants que le régime des fabriques condamne à la phthisie et au rachitisme, nous ne verrions pas la mortalité des enfants dépassant, comme aujourd'hui, cinquante pour cent ; nous ne verrions pas des générations entières vouées à la maladie, nous ne verrions pas la prostitution, ni la syphilis, nous ne verrions pas ces guerres qui sont le massacre de millions d hommes, nous ne verrions pas toutes ces monstruosités de sottise et de souffrance que notre science contemporaine ose tenir pour des conditions indispensables de la vie des hommes !

Mais notre conception de la science est à ce point pervertie, que les hommes de notre temps trouveront étrange qu'on leur fasse mention de sciences capables de diminuer la mortalité des enfants, de détruire la prostitution, la syphilis, la dégénérescence et la guerre. Nous en sommes venus à nous imaginer qu'il n'y a de science que lorsqu'un homme, dans un laboratoire, verse un liquide d'un verre dans un autre, regarde à travers un prisme, torture des grenouilles ou des cochons d'Inde, ou bien encore déroule dans une chaire un écheveau de phrases sonores et stupides, — que lui-même d'ailleurs ne cherche pas à comprendre, — sur les lieux communs de la philosophie, de l'histoire, du droit, de l'économie politique, tout cela sans autre objet que de démontrer que ce qui est doit toujours exister.

Et cependant la science, la vraie science, la seule qui mériterait la considération accordée aujourd'hui à sa contrefaçon, la vraie science consisterait à reconnaître à quoi nous devons croire et à quoi nous ne devons pas croire, comment nous devons et comment nous ne devons pas conduire notre vie, comment il convient que nous élevions nos enfants, comment nous pouvons profiter des biens de la terre sans écraser pour cela d'autres vies humaines, et quelle doit être notre conduite à l'égard des animaux, sans compter bien d'autres questions également importantes pour la vie des hommes.

Telle a toujours été la véritable science ; telle elle doit être. Et c'est cette science qui seule répond à la conscience religieuse de notre temps ; mais elle se trouve, d'une part, niée et combattue par tous les savants qui travaillent au maintien de l'ordre social présent, et, de l'autre côté, elle est tenue pour vaine, pour stérile, pour anti-scientifique par les malheureux dont l'intelligence a été atrophiée dans l'étude des sciences expérimentales.

La science étant entendue comme elle l'est aujourd'hui, quels sentiments peut-elle provoquer, que l'art, à son tour, puisse nous transmettre ? La première section de cette science provoque des sentiments arriérés, surannés, hors d'usage, et mauvais pour notre temps. Et l'autre section, toute consacrée à l'étude de sujets n'ayant aucun rapport avec la vie des hommes, est, par sa nature même, hors d'état de fournir aucune matière à l'art. Et ainsi il se fait que l'art de notre temps, pour être un art véritable, doit lui-même se frayer un chemin, malgré la science, ou bien mettre à profit les enseignements d'une science que notre monde n'admet pas, d'une science niée et rejetée par la partie orthodoxe de la science. C'est à ce parti qu'en est réduit l'art, quand il a le souci de réaliser sa destination.

Il faut du moins espérer qu'un travail pareil à celui que j'ai tenté pour l'art sera entrepris, un jour ou l'autre, au sujet de la science : un travail qui prouvera aux hommes la fausseté de la théorie de la science pour la science, qui leur montrera la nécessité de reconnaître la doctrine chrétienne dans son sens véritable, et qui, s'appuyant sur cette doctrine, leur apprendra à évaluer d'une façon nouvelle l'importance de ces connaissances dont nous sommes aujourd'hui si ridiculement fiers. Puissent les hommes reconnaître alors combien sont secondaires et insignifiantes les connaissances expérimentales, et combien essentielles, et d'une importance plus haute, les connaissances religieuses, morales, et sociales ! Puissent-ils comprendre que ces connaissances primordiales ne doivent pas être laissées, comme elles le sont maintenant, sous la tutelle et à la discrétion des classes riches, mais qu'elles doivent au contraire être remises entre les mains de tous les hommes libres et

aimant la vérité, qui, souvent en contradiction
avec les classes riches, recherchent la destination
réelle de la vie! Puissent les sciences mathémati-
ques, astronomiques, physiques, chimiques, et
biologiques, comme aussi la science appliquée et
la médecine, n'être plus enseignées que dans
la mesure où elles contribueront à affranchir les
hommes des erreurs religieuses, juridiques, et
sociales, dans la mesure où elles serviront au
bien de tous les hommes, et non plus d'une seule
classe privilégiée!

Alors seulement la science cessera d'être ce
qu'elle est à présent, c'est-à-dire, d'une part, un
système de sophismes destinés à maintenir une
organisation sociale surannée; d'autre part, un
amas informe de connaissances, la plupart de peu
d'utilité ou même absolument inutiles. Alors seulement elle deviendra ce qu'elle doit être, un tout
organique, ayant une destination définie et compréhensible pour tous les hommes, à savoir : d'introduire dans la conscience humaine les vérités
qui découlent de la conception religieuse d'une
époque.

Et alors seulement l'art, toujours dépendant de
la science, redeviendra ce qu'il peut et doit être,

un organe parent de celui qu'est la science, également important pour la vie et le progrès des hommes.

L'art n'est pas une jouissance, un plaisir, ni un amusement : l'art est une grande chose. C'est un organe vital de l'humanité, qui transporte dans le domaine du sentiment les conceptions de la raison. Dans notre temps, la conception religieuse des hommes a pour centre la fraternité universelle et le bonheur dans l'union. La science véritable doit donc nous enseigner les diverses applications de cette conception à notre vie ; et l'art doit transporter cette conception dans le domaine de nos sentiments.

Ainsi l'art a devant lui une tâche immense : avec l'aide de la science, et sous la conduite de la religion, il doit faire en sorte que cette union pacifique des hommes, qui ne s'obtient aujourd'hui que par des moyens extérieurs, tribunaux, police inspections, etc., puisse se réaliser par le libre et joyeux consentement de tous. L'art doit détruire dans le monde le règne de la violence et de la contrainte.

Et c'est une tâche que lui seul est en état d'accomplir.

Lui seul peut faire que les sentiments d'amour et de fraternité, accessibles seulement, aujourd'hui, aux hommes les meilleurs de notre société, qu'ils deviennent des sentiments constants, universels, instinctifs chez tous les hommes. En provoquant en nous, à l'aide de sujets imaginaires, les sentiments de la fraternité et de l'amour, il peut nous accoutumer à ressentir les mêmes sentiments dans la réalité; il peut disposer dans l'âme humaine des rails sur lesquels courra désormais la vie, sous la conduite de la science et de la religion. Et en unissant les hommes les plus différents dans des sentiments communs, en supprimant les distinctions entre eux, l'art universel peut préparer les hommes à l'union définitive; il peut leur faire voir, non par le raisonnement, mais par la vie même, la joie de l'union universelle, en dehors des barrières imposées par la vie.

La destination de l'art dans notre temps est de transporter du domaine de la raison dans celui du sentiment cette vérité: que le bonheur des hommes consiste dans leur union. C'est l'art qui seul pourra fonder, sur les ruines de notre régime présent de violence et de contrainte, ce royaume de

Dieu qui nous apparaît à tous comme l'objet le plus haut de la vie humaine.

Et c'est chose fort possible que, dans l'avenir, la science fournisse à l'art un autre idéal, et que l'art ait alors pour tâche de le réaliser ; mais dans notre temps la destination de l'art est claire et précise. La tâche de l'art véritable, de l'art chrétien, est aujourd'hui de réaliser l'union fraternelle des hommes.

FIN

TABLE DES MATIÈRES

POITiERS

IMPRIMERIE BLAIS ET ROY

7, RUE VICTOR-HUGO, 7